新时代高校

实践育人的理论探索与路径创新研究

张妍 著

吉林出版集团股份有限公司
全国百佳图书出版单位

图书在版编目（CIP）数据

新时代高校实践育人的理论探索与路径创新研究 /张妍著. -- 长春 : 吉林出版集团股份有限公司, 2022.5

ISBN 978-7-5731-1537-9

Ⅰ. ①新… Ⅱ. ①张… Ⅲ. ①高等学校－人才培养－研究－中国 Ⅳ. ①G649.2

中国版本图书馆CIP数据核字(2022)第076001号

新时代高校实践育人的理论探索与路径创新研究

XIN SHIDAI GAOXIAO SHIJIAN YUREN DE LILUN TANSUO YU LUJING CHUANGXIN YANJIU

著　　者　张　妍
出 版 人　吴　强
责任编辑　刘东禹
开　　本　710mm × 1000 mm　1/16
印　　张　9.25
字　　数　160千字
版　　次　2022年5月第1版
印　　次　2022年5月第1次印刷

出　　版　吉林出版集团股份有限公司
发　　行　吉林音像出版社有限责任公司
（吉林省长春市南关区福祉大路5788号）
电　　话　0431－81629667
印　　刷　三河市嵩川印刷有限公司

标准书号　ISBN 978－7－5731－1537－9
定　　价　48.00元

摘　要

实践育人是新时代高校实现立德树人根本任务的有效途径，也是培养德才兼备、全面发展的高素质人才的必然要求。在我国，高校实践育人就是要让大学生在丰富多元的实践活动中，生成对马克思主义的认同、对马克思主义在中国的政治代表——中国共产党的认同、对马克思主义指导下中国成功探索出的实践路径——中国特色社会主义道路的认同，以及对马克思主义指导下中国特色社会主义实践的伟大创举——改革开放的认同，让大学生在实践中紧密团结在党中央周围，坚定政治立场，扛起时代重任。基于大学生成长成才的多样性需求，高校实践育人涉及课内课外、校内校外、线上线下等多种维度、多种类型，任何形式的实践育人活动都必须遵循立德树人原则，学生主体、教师主导原则，广泛参与原则，德智体美劳“五育”并举原则和分类指导原则，以确保实践育人的正确方向。

我国高校实践育人的根本目的是提高大学生的实践能力，促进大学生德智体美劳全面发展，激励大学生为建设中国特色社会主义进而实现共产主义而奋斗；根本任务是厚植大学生的理想信念、锤炼大学生的本领才干、提升大学生的社会责任感，培养有理想、有本领、有担当的时代新人。

1949年以来，我国高校实践育人始终与时代同步、与祖国同频，在经验中探索，在反思中成长。从新中国成立到党的十一届三中全会召开之前，我国高校致力于培养“有社会主义觉悟的有文化的劳动者”，在实践育人方面开展了卓有成效的早期探索；党的十一届三中全会到党的十八大期间，我国高校实践育人在育人理念、育人路径、育人组织结构、育人机制上均实现了转型升级；党的十八大以来，中国特色社会主义进入新时代，各高校以培养中国特色社会主义事业合格建设者和可靠接班人为目标，更注重引导大学生投身中国特色社会主义建设的火热实践，彰显新时代大学生的责任担当，实现了高校的实践育人在新时代的创新发展。

我国高校实践育人包括：为夯实大学生专业基础而开展的专业实践、为提升大学生社会责任感而开展的社会实践、为促进大学生全面发展而开展的文体实践和为适应信息社会对人才的需求而开展的网络实践。这四种类型的实践活动涵盖了当前我国高校普遍开展且具有典型意义的实践活动全貌。立足于新时代的历史方位，构建我国高校实践育人的创新路径也应该重点围绕专业实践、社会实践、文体实践和网络实践，全方位、多角度探索高校实践育人的新理念、新路径和新方法，打通“最后一公里”，切实提升我国高校实践育人的实效性。

关键词：实践；实践育人；高校；新时代；路径创新

目　录

绪　论

一、实践与人的全面发展

人的自由而全面发展，一直都是马克思主义所追求的目标，也是未来共产主义社会的典型特征。何谓人的全面发展？其核心要义是指人的劳动能力的全面发展，即人的智力、体力、才能、志趣、道德品质等方面的充分、统一的发展。也就是说，人的各种最基本或最基础的素质均得到完整的发展。人的全面发展，既包含人的体力、智力及思想道德的全面发展，也包含人在社会众多领域的才能及其创造，还包含在不妨碍其他人自由而全面发展的前提下，人能够自由地遵循自身愿望去从事一定的社会实践活动。

实践，是人类能动地改造世界的社会性的物质活动。实践的观点是马克思主义哲学首要的基本观点。要实现人的自由而全面发展，实践是题中应有之义。离开实践，人的自由而全面发展便无从谈起，也不可能实现。其原因在于：

首先，人的思想道德修养和精神境界的提升离不开实践。道德和法律是维系社会正常运行和发展的必要条件。与之相联系的是，人要成为一个真正意义上的社会人，也需要具备基本的思想道德修养和法律素养。而思想道德修养和法律素养既不是人与生俱来的天赋规定，也不是没有任何内容的空乏之物，从本质来看，它们是特定时代和特定社会背景之下所形成的社会道德规范和法律体系在人的个体思想中的体现。要提升人的思想道德修养和法律素养，当然需要经过“内化”过程，但仅有“内化”是远远不够的，还必须通过实践将其“外化”出来。因此，人们要在社会实践中以积土成山、积水成渊之势，以水滴石穿、铁杵成针之功，不断锤炼自己的道德操守，提升思想境界和法律意识。

其次，人的智力发展和知识积累离不开实践。实践是认识的来源，是一切科学知识和真理的发源地。人的知识的不断积累和智力的不断发展，都是实践的过程。实践是检验真理的唯一标准。实践，且只有实践，能够检验人的认识正确与否、科学与否。实践还是将真理性的认识上升到崇高的理想信念的必要环节。

再次，人的身体素质和劳动能力的增强离不开实践。人的身体素质的提升、生产劳动技能和其他活动过程中所需要的各种技艺的增强，都需要通过反复的实践来强化。人的身体素质和劳动技能是衡量人的实践能力的重要指标。《庄子》一书中有“庖丁解牛”的寓言。当庖丁被问到为什么解牛技艺会如此高超时，他的回答是，他解牛已经不是单纯的技术层面，而是提升到了“道”的层面，不仅包含了技术和技艺，还蕴藏了丰富的实践智慧，体现了超群的实践能力。

最后，人的审美品格的提升离不开实践。对美的欣赏与追求是人类的本性。而人们无论是定义“美”、评价“美”，抑或是创造“美”，都是通过实践来完成的。在实践中，人会逐渐形成自身特有的审美品格，对“美”产生独到的理解，并通过实践活动让自己变“美”，让生活变“美”，让世界变“美”。

由此可见，作为人类终极价值追求的人的自由而全面发展，不仅是定格在未来共产主义社会中的一种理想状态，而且是人们在长期的社会实践中不断生成和发展起来并不断接近于理想状态的一个长期的、现实的实践过程。在这一过程中，实践不仅使人的自由而全面发展成为可能，而且只有在实践中，人的自由而全面发展才具有现实依据和实现路径。

二、新时代高校育人的新使命

当前，中国特色社会主义进入了新时代。新时代不仅在历史维度上标示着中国特色社会主义建设的时间进程，而且为中华民族伟大复兴赋予了新的目标和任务，意味着中华民族已经踏上了朝着“第二个一百年”奋斗目标奋勇前进的新征程。

立足于新的历史方位，深入挖掘高校实践育人的基础理论，全面回顾我国高校实践育人的历史发展进程，系统创新我国高校实践育人的实践路径，业已成为推动我国高等教育改革创新、提升我国高校人才培养质量的重要课题。面向办出“中国特色、世界水平”的中国高等教育的远景目标，我国高校应当切实做好实践育人工作，自觉地肩负起时代赋予的使命担当。

教育的根本问题是培养什么人、怎样培养人、为谁培养人，为此，高校要把立德树人融入教育的全过程，以培养担当民族复兴大任的时代新人为出发点，坚持社会主义办学方向，锐意改革创新，为党和国家培养德智体美劳全面发展的社会主义建设者和接班人。

实践是促进大学生德智体美劳全面发展的重要途径。新时代的大学生不仅要有丰富的知识储备，还要有本领、有技能、有担当。实践教育是我国高等教育改革创新不可忽视的重要内容，是检验育人成效的一把标尺。因此，高校抓好实践育人工作，既是新时代高校实现立德树人根本任务的有效途径，又是培养德才兼备、全面发展的高素质人才的必然要求。

首先，新时代做好高校实践育人工作是贯彻党的教育方针的必然要求。大学生只有将自己的人生发展与国家的发展紧密结合起来，大胆实践，勇于创新，才会书写出无愧于时代的人生答卷。其次，新时代做好高校实践育人工作是推进素质教育的必然要求。如果大学生理论与实践脱节，重理论、轻实践，只学不做，缺乏实干精神，显然这与素质教育要求的全面发展目标不符。最后，新时代做好高校实践育人工作是推动高校转型升级的必然要求。在海量信息交互共享的时代背景下，单纯以课堂、书本为中心的教学模式已经无法满足人才培养的需求，深化教育教学改革、增强实践育人效果，是新时代高校转型升级的不二之选。

随着实践育人的重要性被越来越多高校所认可和接受，推进和深化高校实践育人的一系列举措也被陆续推出。但不可否认的是，目前我国高校实践育人仍然是人才培养中较为薄弱的一环，实践育人的组织体系、内容体系、方法体系、评价体系、保障体系等均存在一定程度的问题，影响了育人效果。针对这些问题，高校必须高度重视，持续发力，加快补齐实践育人的短板。一是打地基，深度挖掘实践育人的内涵、功能与原则，夯实高校实践育人理论基础，构建起高校实践育人的基础理论体系；二是建平台，创新实践育人的组织形式，拓展实践育人的平台，优化实践育人的方法，为大学生全面发展提供有针对性的实践教育和引导；三是盖高楼，追溯我国高校实践育人的历史发展进程，总结先进经验，查摆现实问题，剖析问题原因，在继承历史传统的基础上，实现新时代我国高校实践育人的新发展；四是抓重点，牵好“牛鼻子”，围绕专业实践、社会实践、文体实践、网络实践等高校实践育人的主要类型和场域，具体问题具体分析，深入探究高校实践育人的新理念、新方法、新载体，使高校实践育人工作更具科学性、导向性、系统性和开放性，促进大学生全面发展，落实好立德树人的根本任务。

第一章
实践育人概述

陶行知先生有言："生活即教育。"让教育回归生活，从生活中汲取营养、获得力量，始终是重要的教育命题。实践，因架起了学校与生活之间的桥梁，让知与行融会贯通，在教育中的意义不言而喻。通过实践，教育者可以把丰富的生活素材引入课堂，用开放发展的知识教育学生，让教育成为充满生命力的活水。

何谓实践育人？实践育人有哪些功能？实践育人应坚守哪些原则？对这些问题的深入回答构建起了关于实践育人的基础理论体系。大道致远，理论先行。新时代高校要切实做好实践育人工作，首先要做的就是深入挖掘并全面领会实践育人的基础理论。这不仅是我国高等教育改革创新的基本遵循，也是高校全面提升人才培养质量的基础性环节。

第一节　实践育人的内涵

一、实践

实践是人类生存和发展的最基本的活动。实践一词在中国古代哲学中被称为"践行""实行"或"行"，与"知"相对应，主要体现在道德伦理层面；康德把实践理解为理性、自主的道德活动；黑格尔认为实践是主观改造客观的一种抽象的精神活动；费尔巴哈与黑格尔相反，把实践理解为物质性活动，但他对实践的理解也不全面，仅仅把实践看作生物适应环境的活动。所以，他们都没有理解实践真正的本质。实践的主体、客体和中介是实践的三项基本要素，它们构成了实践的基本结构。

第一，实践主体。实践主体是实践活动中的自主性、能动性因素，负责设定实践目的、操作实践中介、改造实践客体，一般是具有一定主体能力、从事现实社会实践活动的人。实践主体有个体主体、群体主体和人类主体三种基本形态。

第二，实践客体。实践客体是指实践活动所指向的对象。实践客体从是否为实践所创造的角度来看，可划分为天然客体和人工客体；从自然界与人类社会两个领域相区分的角度来看，可划分为自然客体和社会客体；从物质性和精神性相区分的角度来看，可划分为物质性客体和精神性客体；等等。

第三，实践中介。实践中介是指实践过程中运用的工具、手段、程序和方法。实践的中介系统可分为两个子系统：一是作为人的肢体延长、感官延伸、体能放大的物质性工具系统，如各种机器系统和动力能源系统。火车、计算机、雷达分别是对人的腿、脑、眼功能的延伸和放大。二是语言符号工具系统。正是依靠这些中介系统，实践的主体和客体才能够相互作用。

实践有三个基本特征：

第一，实践具有直接现实性。实践的直接现实性也就是实践活动的客观实在性。构成实践活动的实践主体、客体和中介，都是可感知的客观实在；实践的水平、广度、深度都受客观条件的制约和客观规律的支配；实践还能够引起客观世界的某种变化，让人们可以直观看到或感受到实践的成果。

第二，实践具有自觉能动性。人的实践活动是一种有意识、有目的的活动。目的性是自觉能动性的主要表现。

第三，实践具有社会历史性。人总是处在一定社会关系中，所以实践也必然是社会性、历史性的活动。实践的内容、性质、范围、水平都会受到特定社会历史条件的制约，随着社会历史条件的变化，实践也会发生变化。

实践的形式具有多样性。从内容上分，一是物质生产实践，解决人与自然的矛盾，满足人们物质生活资料和生产劳动资料的需要，同时生产和再生产社会的基本经济关系，由此决定社会的基本性质和面貌。二是社会政治实践，表现为人们之间的社会交往和政治活动。在阶级社会中，人们之间的交往关系还会带有阶级和阶级斗争的烙印。三是科学文化实践，包括科学、艺术、教育等。在这几种不同类型的实践中，物质生产实践是最基本的实践活动，构成了全部社会生活的基础；而社会政治实践和科学文化实践均是在物质生产实践的基础上产生和发展起来的，受物质生产实践的制约，并对其产生能动的反作用。

在实践与认识的关系上，辩证唯物主义认为，实践是认识的基础，实践在认识活动中起着决定性的作用。

二、实践育人

教育是培养人的社会实践活动。德国哲学家康德认为，人之所以成为人，完全取决于教育。其观点虽忽视了人的主观能动性，有“教育万能”之嫌，却道出了教育对人的重要作用。人的成长和发展离不开教育，规范人的实践行为、提升人的实践能力更离不开教育。无论哪一种实践主体，不管是物质生产实践、社会政治实践，还是科学文化实践，都有赖于教育的介入并发挥作用。

教育是促进人的全面发展的重要手段。古希腊哲学家亚里士多德主张和谐教育。捷克教育家夸美纽斯在《大教学论》一书中提出泛智教育的理想，希望所有人都受到完善的教育，使之得到多方面的发展，成为和谐发展的人。法国启蒙思想家卢梭是自然主义教育思想的代表，认为教育的目的和本质就是促进人的自然天性，即自由、理性和善良的全面发展。瑞士教育家裴斯泰洛齐倡导教育应以善良意志、理性、自由及人的一切潜在能力的和谐发展为宗旨。这些言论都道出了教育在促进人的全面发展方面的重要性。

教育绝不仅仅意味着理论说教。美国教育家苏娜丹戴克曾说：告诉我，我会忘记；做给我看，我会记住；让我参加，我就会完全理解。意思是，任何事情只有让人亲身实践，才能形成深切体会，进而获得真知学问。例如，人在小时候学会骑车，长大以后不管多久没有骑车，还是可以很快掌握骑车的技巧，但是，人在小时候听老师讲一门课，长大后却很难再记起课程的内容。这是因为课堂上的理论教育很难内化为自我教育，但通过实践，通过亲身参与，往往能够达到事半功倍的效果。就教育而言，任何脱离实践的单纯理论说教，都难免会枯燥乏味，不仅难以引起学生的兴趣，调动学生的热情，而且也难以给学生留下深刻的印象，其教育效果也会大打折扣。真理源于实践，又将指导实践。可以说，任何理论的讲授即便再生动，如若不能与实践对接，不能让学生共鸣，只会让学生拒而远之。所以，理论教育与实践教育是教育正常运行和发展的“两翼”，二者互为补充，缺一不可。

所谓实践育人，是指学校以马克思主义实践观为指导，以育人为出发点，坚持教育与社会实践相结合，以理论教学为基础，以促进学生全面发展的专业实践、社会服务、文体竞赛、网络活动等为途径，引导学生形成高尚品格、家国情怀、创新精神和实践能力的一种现代教育理念和新型育人方式。

实践育人对于促进学生全面了解社会、融入社会、奉献社会具有不可替代的作用。具体表现在：

第一，有助于学生了解社会，增长才干。对于学习生活两点一线、缺乏社会经验的学生群体而言，由于与社会接触不多，往往缺乏对国情、社情、民情的深入了解，以理想化的态度对待社会和人生，迷信书本，以书本知识教条地看待周围复杂的社会生活。面对社会变革，不能认识到改革的必要性、复杂性、艰巨性和曲折性，缺乏社会辨别力和意志力，容易被腐败等社会丑恶现象迷惑，负面情绪泛化，产生消极思想。社会实践活动可以将学生置身于现实社会之中，将学生对改革创新的热情和自身实际情况结合起来，让学生认识到一个全面、积极、进步的社会改革全景，理智客观地看待社会问题，从而激发他们的爱国热情，丰富阅历，增长才干。

第二，有助于学生提升修养，完善人格。社会环境是考验学生品德修养的试金石。长期优越的生活环境使得部分学生动手能力较差，不愿意参加社会实践活动，影响自身的全面发展，并逐渐演化为社会问题。学校通过实践育人的有效手段，不仅能有效引导学生积极参与实践锻炼，还可以使学生培养坚韧、顽强的品性，养成勤奋务实的态度，不断完善自己的人格，提升人生修养。

第三，有助于学生强化服务意识，乐于奉献。服务意识和奉献精神是当代青年应有的素质和品格。通过参与社会实践活动，学生会在潜移默化中将书本知识转化为实践能力，了解社情民意，帮助群众解决实际问题，从而在思想感情上和人民群众靠得更近。反复的实践体验，将有效引导学生自觉地把个人追求与集体和国家的前途命运结合起来，在满足个人成长发展需要的同时，关注集体和国家利益，爱岗敬业，团结协作，乐于奉献。

第四，有助于学生培养科学精神。科学精神是科学在其历史发展的过程中形成的价值取向，求真和奋斗是科学精神最本质的内容。学生主动参加社会实践，在实践中提高分析辨别复杂问题的能力，就能进一步认识到科学技术是社会进步的助推器，逐渐培养起孜孜以求的科学精神。与此同时，学生在实践中，必须用基层群众能够理解的语言、乐于接受的方式来和群众打交道，无形中也培养了学生艰苦奋斗、不断探索的科学态度。

通过分析实践育人的概念和作用，再进一步挖掘实践育人的本质，我们不难发现，在我国，高校实践育人就是要让大学生在丰富多元的实践活动中，生成对马克思主义的认同、对马克思主义在中国的政治代表——中国共产党的认同、对马克思主义指导下中国成功探索出的实践路径——中国特色社会主义道路的认同，以及对马克思主义指导下中国特色社会主义实践的伟大创举——改革开放的认同，让大学生在实践中紧密团结在党中央周围，坚定政治立场，扛起时代重任。所谓认同，就是认同主体对认同客体在价值肯定和身份确认的基础上凝结而成的归属性心理，分为认知认同、情感认同和行为认同三个层次。三者所代表的认同程度由浅至深，逐步提升。假如大学生对马克思主义的认同只停留在认知层面，对相关知识倒背如流，在日常生活中却不懂得如何运用马克思主义，这样的马克思主义认同就成了夸夸其谈的口号，既不利于马克思主义指导作用的发挥，也不利于凝聚社会力量。其中的原因就在于：一方面，大学生只有经过全面系统的学习，同时进行反复的实践体验，才能形成对马克思主义稳定、持久、强烈的认同；另一方面，大学生只有在实践中不断运用马克思主义，才会激发进一步学习和研究马克思主义的兴趣，增进对马克思主义的深厚感情，在行为认同的过程中对前期的认知认同和情感认同形成一定程度的反哺。认同也正是从初步的“认知—情感—行为”，到进一步的“认知—情感—行为”，再到更深层次的“认知—情感—行为”的逐步上升的过程中得以生成、持续和强化。

总而言之，高校实践育人的本质就是培养大学生对马克思主义的行为认同。纸上得来终觉浅，绝知此事要躬行。教育不能是一味的理论灌输，而是要超越课堂和书本的局限，让学生参与各种形式的实践活动，让学生的认知认同和情感认同在实践中得到锻造和升华。基于实践育人的本质和实践育人在人才培养中的重要作用，我们应构建幼儿园、小学、中学、大学相互贯通、逐层递进的学校实践育人模式，建立“理论育人与实践育人相结合”的体制机制，组织并引导好学生投身到丰富多彩的社会实践中去，为党和国家培养德智体美劳全面发展的时代新人。

第二节　实践育人的功能

学校对学生思想品德、专业知识、综合素质的培养最终都要落实到学生的日常表现中，通过学生具体的行为实践体现出来。而每个学生的行为实践对他人、对家庭、对学校、对社会都将产生不同程度的影响。因此，实践育人在培养学生实践能力和实践素质中所具有的功能在个体、群体和社会层面均有体现。

一、个体功能

必须承认的是，现在的学生实践能力普遍有待提高，具体表现在：有知识、少体验；会做题、不会解决问题；在纸面上成长，缺少“亲力亲为”的在场机会。实践能力的不足已经成为有碍学生适应社会、全面发展的制约因素。为此，我们必须提升对实践育人重要性的认识，实践育人是促进学生个体全面发展的必然要求。

第一，巩固专业思想，提升专业能力。实践教学法是学校开展实践育人所采用的基本方法。相对于课堂上的理论教学而言，实践教学法是指教师引导学生将所学理论运用到实际生活中，通过实践活动来培养学生的动手能力和创新能力，从而巩固和加深学生对所学知识的理解和认识的一种教学方法。实践教学法最大的优势在于与学生的生活实践紧密结合。对于学生而言，发挥自身的专业优势，将其运用到社会实践中，既可以加深对所学专业知识的价值认同、巩固专业思想、增强学习动力，又能在实践中依据社会发展的需要，发现自身专业知识和专业技能的问题与不足，查漏补缺，促进自身能力的全方位提升。

第二，融入社会环境，加速社会化进程。实践育人是帮助学生深入了解社会、接触社会、服务社会的有效手段。学生在实践中体验劳动的艰辛，学会与人沟通，树立法律意识、道德意识和社会责任意识，便实现了与社会的初步融合。在实践中，面对陌生的世界、变幻的格局和不确定的结果，学生会更加深刻地体会到什么是真、善、美，什么是假、恶、丑，应该坚持什么、反对什么等，从而更加明确自己的社会角色和社会义务，为未来走进社会、融入社会打下思想基础、心理基础和业务基础。

第三，明确就业方向，规划职业生涯。社会实践是学生进入职业生涯之前的早期探索，通过参与学校组织的各种类型的实践活动，学生以切身体验的方式逐步发觉自己的兴趣爱好、擅长的领域，树立正确的就业观和择业观，培养良好的职业道德，进而对未来职业发展起到定向的作用。一旦明确方向，学生就会对未来的职业充满热情，兢兢业业，意志坚定，努力在职场上拼搏和奋斗。

第四，提高人文素养，促进全面发展。除专业实践和社会实践之外，学校组织开展的丰富多彩的校园文体活动和网络实践活动，对促进学生健康成长和德智体美劳全面发展也具有重要意义。通过灵活多样的文艺晚会、艺术展演、体育竞赛、社团活动、网络竞赛等，营造出朝气蓬勃、积极进取的校园文化氛围。学生参与其中，久而久之就会成为一个有知识、有本领、有特长、有进取精神的全面发展的人。

实践育人不是书斋式的教学，而是要向学生的实际行动要效果，即通过各种教育方式激发学生的行动力，指引学生朝着理想的巅峰努力攀登。

二、群体功能

社会群体是人们基于一定的社会关系而形成的共同体。不仅个体的成长和发展离不开实践，家庭、团队、学校等群体的发展和壮大同样也有赖于长期反复的实践。实践教育对群体实力的提升和凝聚力的塑造意义重大。

在群体形成初期，群体成员之间只有简单的互助合作关系。伴随群体的发展壮大，用来协调群体成员之间关系的、以保证群体目标得以实现的、具有一定公信力的规则便呼之欲出了。群体规则出台后，就需要向群体中的个体开展实践教育，其目的有二：一是增强个体对群体的认同度；二是要求个体在实践中自觉遵守群体规则。只有在群体认同和群体规则的作用下，群体成员才会心往一处想，劲往一处使，产生一致的行动力。在实践中，群体中的个体通过与其他个体的互动和交流，可以相互学习，扬长避短，并产生一些共同的信念和价值观。个体与群体之间是相互依存、不可分割的关系，个体的需要可以在群体中得到满足，同时，个体的发展也会壮大群体的力量。

群体之间的竞争是无处不在的。一旦本群体在与其他群体的竞争性实践中取胜，群体成员就会深刻体会到本群体的优越性，进而形成强大的群体凝聚力；相反，如果本群体在竞争性实践中失利，或被其他群体压制，个体就会动摇对群体的认同，并开始反思是继续留在本群体，还是选择离开，投身到其他群体之中。在群体失利的情况下，实践教育还肩负着能否稳定队伍、凝聚人心，进而扭转乾坤的艰巨任务。

女排精神是中国女子排球队顽强战斗、勇敢拼搏的精神概括，表现为祖国至上、团结协作、顽强拼搏、永不言败。几十年来，一代又一代的中国女排队员们经历过连续夺得世界冠军的历史巅峰，也经历过无数次低谷和挫折。这种反复实践、团结拼搏的群体精神，不仅成为中国体育的一面旗帜，更教育了全国人民，成为时代精神的代表，彰显出中华民族伟大复兴的实力和信心。

三、社会功能

如果说，实践育人的个体功能体现在个体的全面发展上，群体功能体现在群体凝聚力的塑造上，那么实践育人的社会功能则体现在“培养什么人、怎样培养人、为谁培养人”这一根本问题上。

教师的神圣职责是“教书育人”，其中，“教书”主要是传授知识，而“育人”则承担起为党和国家培养建设者和接班人的任务。我们要培养的是能够担当中华民族伟大复兴重任的时代新人。这批时代新人，不仅要有扎实的理论基础和专业能力，而且要投身社会，发挥才干，在实践中实现使命担当，在时代的风云变幻中锤炼本领，培养和强化自身的实践能力和创新精神。

实践育人不仅能转化为强大的精神力量，还可以催生出强大的物质力量。通过多维度的实践锻炼，既有利于学生形成对社会主义发展方向、发展道路和社会主义民主法治的正确认识，提升参与政治生活的能力，提升社会治理效能；又有利于学生树立科学信仰，提升精神境界，营造良好的社会风气，汇聚和整合社会力量；还有利于培养学生良好的职业素养和职业道德，强化团队意识、质量意识、竞争意识和效率意识，助推生产力的发展，对社会物质财富的提升产生积极影响。可以说，实践育人的良好效果，必将成为国家发展和社会进步取之不尽、用之不竭的力量源泉。

十年树木，百年树人。培养担当民族复兴大任的时代新人，是一项庞大的历史工程和艰巨的战略任务。各级各类学校必须牢牢把握培养时代新人的实践要求，厘清思路、明确责任、扎实推进、确保实效。

第三节 实践育人的原则

基于学生成长发展的多样性需求，学校实践育人往往涉及课内课外、校内校外、线上线下等多种维度、多种类型。在实际工作中，需要关注的不仅有活动设计、组织实施、条件保障，还有宣传推广、成果提炼、反馈评价等，可谓千头万绪、错综复杂。尤其是在高校教育教学改革如火如荼的背景下，实践育人花样繁多，容易让人产生“乱花渐欲迷人眼”的第一印象。而对事物本质的把握，则需要我们从纷繁芜杂的表象拨开层层迷雾，抽丝剥茧地进行理性分析。只有牢牢把握实践育人的基本原则，方能确保实践育人的正确方向。

一、立德树人原则

百年大计，教育为本。教育是一个国家、一个民族发展和进步的基石，是提高人民群众整体素质、促进人的全面发展的根本途径。强国必先强教。在我国，提高教育现代化水平，对建设社会主义现代化强国具有决定性意义。特殊的国情决定了我国的教育在解决“培养什么人、怎样培养人、为谁培养人”这个根本问题上所采用的途径和方法必然与其他国家有所不同，我国的教育必然要鲜明地打上马克思主义、社会主义的烙印，在立场问题上容不得半点马虎。旗帜鲜明地讲政治、理直气壮地讲信仰，是培养担当民族复兴大任的时代新人的必然要求。只有用马克思主义武装全体学生，才能培养出社会主义事业的合格建设者和可靠接班人。一个没有信仰的人，就永远逃不出“利益”的牢笼，就不会考虑社会责任与担当，更不会有胸怀天下的格局。对此，我们要高度重视，一定要毫不动摇地坚持正确的政治立场，引导大学生树立马克思主义的科学信仰，做言行合一的马克思主义者。

任何理论都离不开实践的检验，理论只有与实践相结合才能最大限度地发挥作用。“‘思想’一旦离开‘利益’，就一定会使自己出丑。” 一种理论学说为人们所接受、所认同，在于它提供满足人们某方面需求的内容而形成的吸引力。新时代的教育绝不是纸上谈兵、空讲理论，而是要着重培养学生的理论判断力、思考力和逻辑力，培养学生运用所学理论解决现实问题、促进自身发展能力。

立德树人要尊重人成长发展的基本规律，增强实践在教育中的分量。现在，我国已经全面开启建设社会主义现代化国家的新征程，对于肩负着中华民族伟大复兴历史使命的学生一代而言，更应当深入祖国大地的田间地头、厂矿车间、革命老区、脱贫一线、科研基地等地，去“踩泥土”，去“闻烟火”，结合课上所学、书本所讲，读懂中国故事，理解中国力量，牢固树立起科学信仰，以聪明才智贡献国家，以开拓进取服务社会。

因此，学校要把立德树人融入实践育人的各个方面和各个环节，要坚持中国特色社会主义的教育发展道路，全面贯彻党的教育方针，始终以人民为中心，培养德智体美劳全面发展的社会主义合格建设者和可靠接班人。

二、学生主体、教师主导原则

谁是实践育人的主体？这本身就是一个值得深入探讨的问题。在学界关于教育主客体问题的论争中，起初，学界普遍认同“教师主体论”认为教师是主体，学生是客体，这种观点主要是基于哲学上的主客体判断。因为教育是人作用于人的一种对象性活动，教师是教育者，是教育活动的主动方、发起者，学生是受教育者，是教育活动的受动方、接收者。但是，这很快就出现了理论争议，因为人本身就具有主观能动性，受教育的学生更是思维活跃，他们不只是消极、被动地接受教育，而是具有强烈的积极性、主动性、选择性和创造性。尤其是随着信息网络技术的异军突起，学生掌握的信息资源甚至可能比教师还要多、还要全面、还要深刻。于是，人们开始反思教师主体性和学生客体性的问题。有学者则提出“学生主体论”的观点，认为教学应该以学生为主体，从学生的实际需求出发，为学生提供教师期望与学生需求相吻合的教学内容；有学者提出“主客体转化论”，认为教师在教学过程中也会受到学生的启发，在这种情况下师生的主客体关系就发生了互换，学生启发老师，所以学生变成了主体，教师变成了客体，而且教育过程中师生的主客体关系始终处于变化之中；还有学者提出“双主体论”，认为在教育活动中，教师和学生处于平等地位，师生双方都应该是教育的主体；更有学者提出“多元主体论”，认为教育活动的主体不仅限于教师或学生，家庭、社会也是教育的主体；等等。

学者们的观点具有深刻的理论意义和实践意义，但同时又都具有一定的局限性。“教师主体论”忽视了作为“客体”的学生的主观能动性；“学生主体论”又片面强调学生的主动性，把教师这一教育的发起者冷落一旁；“主客体转化论”虽然关注到了矛盾双方相互转化的过程，却无法论证矛盾双方不转化时主体的客体性和客体的主体性问题；“双主体论”把教师和学生都认定为教育主体，则无法回答“客体是谁”的问题；“多元主体论”虽然关注到来自各个层面的教育实施者的能动性，但主体过多又相当于没有主体，冲淡了教师和学生的核心地位。

《国家中长期教育改革和发展规划纲要（2010−2020年）》中明确指出：“要以学生为主体，以教师为主导，充分发挥学生的主动性，把促进学生健康成长作为学校一切工作的出发点和落脚点。”“学生主体、教师主导”的定位，显然可以很好地解决以上问题。一方面，教师主导是毋庸置疑的，任何一个课堂，无论采用何种授课方式，教师都是主导者，即便采用颠覆传统教学的“翻转课堂”教学手法，由学生来讲，教师总结和纠补，这种形式的课堂依然是由教师来设计和引导的。实践教学、网络教学、情境教学等也都是在教师的主导下实施的。所以，以教师为主导，既把主体地位交还给学生，又充分肯定了教师在教育过程中的重要作用。另一方面，以学生为主体不得不说是改革开放以来中国教育理念的重大变革，学生在接受教育的过程中是享有主动权并具有主观能动性的，学生是真正的主体，这已经在学界达成共识。以学生为主体就是要把教育的主动权交还给学生，让学生真正成为学习的主人。

实践育人与其他类型教育的相同之处在于，都是通过“教师教、学生学”来实现教育目标；实践育人与其他类型教育的不相同之处则在于实践育人的最终目标是提升学生的实践能力。在参与实践的过程中，实践的主体是学生，那么在学校实践育人中，也应该以学生为主体。学校实践育人中的教师主导，指的是实践育人的内容、方法、组织和管理由教师设计和实施，教师对实践育人的质量和效果负责。正是在教师的主导下，通过各种有效的育人手段，才培养起学生良好的动手能力。而学校实践育人中的学生主体，指的是在教师主导下，学生不仅要参与各项实践活动，还要充分发挥积极性和主动性，主动接受实践锻炼，在实践中增长才干。

三、广泛参与原则

实践育人不是面向少数人开展的精英教育，而是面向全体学生，在幼儿园、小学、中学、大学等不同阶段，结合学生成长发展的不同需要，长期、持续开展的教育活动，在教育的受众上具有广泛性的特点。

一般而言，学生学习生活的环境较为单一，与社会接触不多，往往对社会缺乏了解，缺乏实践知识和劳动锻炼。他们只有在学习科学文化知识的同时，积极参与社会实践，更多地了解国情，了解社会主义现代化建设和改革的实际情况，了解人民群众的所思所想，提升实践能力，才能逐步成长为国之栋梁。实践育人不可能一蹴而就，很难通过一次性或短期的教育就形成良好的育人效果。因此，学校除要认真做好已列入教学计划的实践教学和实习实训外，还要利用好寒暑假、周末和课余时间，组织学生参加各种各样的社会实践活动。

秉持着全员参与的原则，学校要发挥党团组织的优势，努力使实践育人工作体系面向全体学生设计，力争做到普遍适用、普遍参加、普遍评价，确保每一名学生都有参加实践的机会。要把学生利用寒暑假和课余时间参加社会实践活动的情况，作为学生综合素质考核的内容之一，督促每一名学生都能结合实际参加一定的实践锻炼。学生参加实践活动后，要认真填写《社会实践活动登记表》，由活动的接受单位做出鉴定。对在实践活动中表现突出的学生，学校应给予专项表彰奖励，并可作为综合考评、奖学金评定、推优入党的依据。学生在社会实践中撰写的优秀实践论文、调查报告、科技成果等，应由学校有关部门鉴定后计入成绩档案。

四、“五育”并举原则

学校实践育人也必须坚守“五育”的原则，做到各级各类实践活动百花齐放、灵活多样，助力学生综合素质的全面提升。

“五育”中的德智体美劳，反映了我国教育在培养目标上的总体要求，五者缺一不可。疏于德、偏于智、弱于体、抑于美、缺于劳，均是“五育”失衡的表现，而“五育”一旦失衡，必然会导致唯分数、唯升学、唯文凭、唯论文、唯帽子的“五唯”顽疾。关于德智体美劳“五育”在学校人才培养体系中的地位，有的学者认为应以德育为首，有的学者认为体育是前提，还有的学者强调德育和智育在“五育”中同等重要，等等。其实，“五育”正如人的五官，很难分出孰轻孰重。“五育”并举强调五个方面的全面融合，一个都不能少，应同等重视，不可偏废。“五育”是一个整体，既内在统一，又各有侧重，目标是促进学生的全面而有个性的发展。“五育”并举，不是德育、智育、体育、美育、劳育的简单拼凑与整合，而是实现“五育”之间的有机融合、相互渗透，即“你中有我、我中有你”。“五育”之间的关系应该是均衡发展、各具特色、相互促进。

新时代的教育目标是培养新时代的人才，新时代的人才应该是德智体美劳全面发展、朝气蓬勃、富有创造力的时代新人。学校教育在传递知识与价值的同时，不能扼杀学生的好奇心、想象力和创造力。教育的本质是培养身心和谐发展的“完整”的人。因此，教育必须追求“五育”的和谐统一，尤其是信息技术和互联网科技盛行的时代，学校更应该给学生完整的、全面的教育。

现阶段，学校实践育人坚持“五育”融合，要以德为先，以智为本，以体为径，以美为核，以劳为重。在实践育人活动的具体设计上，应从人文关怀、机制创新、环境营造等方面不断优化实践育人方案，为学生搭建不同层次、不同类型的实践平台，让学生在实践活动中真正有所收获，德智体美劳等方面真正得到提升。

五、分类指导原则

在实践育人的组织运行中，由于每一名学生的实际情况不同、成长需求不同、参与的活动不同，很难用一套通行的指导办法来教育和引导全体学生，所以，学校实践育人必须坚持分类指导原则，具体问题具体分析，具体活动具体研判，为学生提供切实有效的指导服务。

实践育人的分类指导原则体现在：一要对象分层，突出科学性。基于不同类型的实践活动中学生扮演的不同角色，分别提出相应、相近、相适的实践要求，这样能把学生参与实践的普遍性要求与特殊性需求有机结合，使指导更具针对性和科学性。二要内容分类，突出实用性。界定好哪些是“规定动作”，哪些是“自选动作”，让学生根据自身实际和具体需要，选择适合自己的实践内容。三要载体分块，突出操作性。将实践活动划分为专业实践与非专业实践、校内实践与校外实践、线下实践与线上实践等不同模块，以活动为载体，实现分类指导的目的。四要考评分级，突出针对性。结合学生参与实践的具体表现、实践接受单位的评价、实践成果质量等方面因素，对学生实践情况进行考核评价。根据实践的不同内容制定考评细则，进行分级分类考评。坚持实事求是、一切从实际出发，确保考评工作的科学性、合理性、实效性，力求全面、客观地反映学生参与实践的情况。

实践育人的分类指导原则，要求学校根据学生的实际情况，因材施教，因势利导，针对具体的实践内容，选择合适的实践方式，进行客观的实践评价，切忌“一刀切”，不求实际效果、只图完成任务的想法和做法。

第二章
我国高校实践育人的组织形式

在我国，实践育人对大学生成长成才的重要意义不容小觑。我国高校要培养的是肩负民族复兴大任的、德智体美劳全面发展的社会主义建设者和接班人，特定的人才培养目标要求各高校必须把实践育人贯穿教育教学的全过程，全方位提升大学生的实践能力，让他们在实践中受教育、长才干、做贡献。结合我国的国情和高校的实际，明确我国高校实践育人的目的和任务、把握我国高校实践育人的基本要素、厘清我国高校实践育人的主要类型，是做好新时代高校实践育人工作的理论前提和现实基础。

第一节　我国高校实践育人的目的和任务

我国高校实践育人的目的和任务，反映了实践育人的方向，规定了实践育人的内容，影响了实践育人方法的运用，是开展新时代高校实践育人的理论探索与路径创新要把握的一个前提性问题。

一、我国高校实践育人的目的

高校实践育人的目的，是指高校通过开展实践育人活动，在大学生的思想和行为方面所期望达到的结果。它是高校开展实践育人工作的依据和动力，体现实践育人的价值取向。

我国高校实践育人的目的不是单一的，而是一个目的体系。其中，我国高校实践育人的根本目的是指实践育人工作所要达到的终极目标；而我国高校实践育人的具体目的则是指实践育人的各项具体活动所要达到的预期目标。

我国高校实践育人的根本目的是由我国的国情和社会性质决定的。我国是社会主义国家，办的是中国特色社会主义教育，要培养的是社会主义合格建设者和可靠接班人，因此，我国高校实践育人的根本目的是提高大学生的实践能力，促进大学生德智体美劳全面发展，激励大学生为建设中国特色社会主义，进而实现共产主义而奋斗。这一根本目的包含两个方面：一是提升大学生的实践能力。当代大学生普遍存在一个严重的问题：说的多于做的，动手能力差于理论考试的能力，这与我国高校的人才培养目标无疑是背道而驰的。学校进行实践育人，开展实践教育活动，就是要让大学生在学校就能接受充足的实践训练，全方位提升自身的实践能力，深入社会、了解社会，具备扎实的专业本领、良好的品德、强烈的事业心和责任感、坚强的毅力等，为毕业后走向社会，成为能肩负重任的时代新人做好准备。二是促进大学生德智体美劳全面发展。社会主义的本质是解放生产力、发展生产力，而发展生产力的落脚点则是人的自由而全面发展，这正是高校实践育人的根本目的。新时代，我们需要什么样的人才？德智体美劳全面发展，缺一不可。德智体美劳全面发展有利于帮助大学生形成正确的世界观、人生观和价值观，其中任何一项出现教育缺失，都有可能导致“三观”出现问题。只有促进大学生德智体美劳全面发展，才能让他们更积极、更主动地投身于中国特色社会主义建设中，成为对社会有用的人，成为国之栋梁。

我国高校实践育人根本目的的最终实现，有赖于一个个具体实践育人活动目标的实现，而这些具体的活动目标就是我国高校实践育人的具体目的。我国高校实践育人的根本目的可以看作长远目标，要齐心协力，久久为功。这一根本目的一般需要经过实践上、内容上、形式上等多层次分解，成为一个个具体的目的，来指导高校实践育人的具体工作。通过达到一个个具体目的，高校实践育人才能一步步向根本目的迈进。可见，高校实践育人的具体目的是根本目的的具体化，达到具体目的对于高校进一步开展实践育人工作，进而向根本目的的实现靠近具有十分重要的意义。

二、我国高校实践育人的任务

高校实践育人的任务，是指实践育人在社会生活中所承担的特定责任。高校实践育人目的的达成、效果的体现，都有赖于任务的顺利完成。

一代人有一代人的使命，一代人有一代人的担当。新时代的大学生是实现中华民族伟大复兴的生力军，是国家的未来、民族的希望。高校实践育人的根本任务就是厚植大学生的理想信念、锤炼大学生的本领才干、提升大学生的社会责任感，培养有理想、有本领、有担当，堪当大任的时代新人。

第一，厚植大学生的理想信念。理想是与人的奋斗目标相联系、有实现可能性的向往和追求。无数事实证明，树立崇高的理想信念对人生发展具有重要意义。现实是此岸，理想是彼岸，而实践恰好是架起理想与现实之间的桥梁。建设社会主义现代化强国、实现中华民族伟大复兴，需要一代又一代有崇高理想信念的时代新人在实践中不懈奋斗。高校要教育和引导当代大学生树立马克思主义科学信仰和中国特色社会主义共同理想并非易事，既需要课堂上的深入讲解，更需要组织大学生在实践中反复体验，让大学生真正用马克思主义分析和解决现实问题，做到对马克思主义真学、真懂、真信、真用。

第二，锤炼大学生的本领才干。专业知识和专业能力是大学生本领才干的集中体现，而在课堂上、书本上学来的专业知识，在实践中到底会不会用，则是考验大学生是否具有真才实学的关键。高校要通过实践育人活动，引导大学生夯实专业基础，既读有字之书，又读无字之书，理论联系实际，把学习科学知识与学习实践经验集合起来。用学到的知识解决具体的实践问题，在实践中增长才干。当代大学生普遍缺乏基层工作或适应艰苦复杂环境的历练，在驾驭复杂局面、处理复杂矛盾问题上缺乏实践经验，尤其在做群众工作方面存在一定短板。高校要以各种形式组织大学生深入基层、深入群众，在实践中锤炼本领，努力成为可堪大用、能担重任的栋梁之材。除了专业素质以外，大学生品德素质、体能素质、文艺素质、审美素质等业余爱好的培养和提升，也有赖于高校在实践育人理念下通过搭建大学生喜闻乐见的校园文体活动、社团文化活动等平台，帮助大学生实现全面发展。

第三，提升大学生的社会责任感。社会责任感作为一种道德情感，是一个人对国家、集体以及他人所承担的道德责任。高校实践育人要着重培养大学生的担当精神，把个人的前途与祖国的命运联系起来，把个性的发展与时代的进步联系起来，把职业的选择与社会的需求联系起来，树立对自己、对他人、对集体、对社会、对祖国的责任意识。新时代的中国青年，一定要有担当。担当是一种情怀，更是一种本领，它会指引人们在关键时刻迎难而上，召之即来，来之能战，战之必胜。如果没有担当，遇事就会推诿塞责，畏手畏脚，瞻前顾后，不思进取。

在高校社会实践、志愿服务等实践育人活动的影响下，我们欣喜地看到在新时代的大学生群体中涌现出许许多多担当有为的青年，他们中既有在人民群众生命安全和身体健康受到严重威胁时勇敢逆行、主动参与新冠肺炎疫情防控的大学生志愿者，也有为贫困群众脱贫致富扎根基层、在脱贫攻坚战中经受考验的驻村大学生，还有奔赴条件艰苦的边疆地区奉献青春、建功立业的有志青年。他们将“小我”融入祖国的“大我”之中，在奉献社会中增长才干，实现人生价值，充分展现了新时代中国大学生的精神风貌。这就是高校实践育人所要完成的任务。

第二节 我国高校实践育人的要素

实践育人是一个系统性工程，包含诸多要素，且要素与要素之间环环相扣，紧密联系，相互影响。关于我国高校实践育人的要素问题，学界存在不同的观点。梳理学者们的研究成果，将其分析提炼，可将我国高校实践育人的要素概括为教育者、受教育者、教育内容、教育载体、教育环境五个主要方面。也就是说，我国高校实践育人就是教育者在一定的教育环境下，依据特定的教育载体，教育和引导受教育者参加指定教育内容的实践活动，使其接受实践教育的过程。

一、教育者

高校实践育人的教育者，是指在实践育人过程中有目的、有计划地对受教育者施加教育影响的个体或群体。教育者在实践育人中处于主导地位，发挥主导作用。实践育人是在实践活动中展开的，离开了教育者的主导，实践活动便不复存在。

在我国高校，提及实践育人的教育者，人们首先会想到高校教师。但是，仅凭高校教师这支队伍够不够？还需把哪些人以怎样的方式组合起来，才能保障高校实践育人的实效性？诚然，高校教师在实践育人中的主导作用不可替代，但高校党政领导、各部门（学院）、学生工作队伍等对实践育人的影响也不容忽视。因此，高校实践育人应建立学校党委统一领导、部门（学院）分工负责、全体教职员工协同参与的全员育人机制。这支实践育人的教育者队伍在分工上虽有所不同，但在政治上要高度统合、协同一致。也就是说，教育者首先要受教育，站稳师德高地，守住师德底线，彰显育人情怀，淡泊名利、无私奉献，做大学生成长成才的引路人和贴心人。

实践育人，教师是关键。我国古代第一本教育专著《学记》中有一句话：“亲其师，信其道；尊其师，奉其教；敬其师，效其行。”这句古训点明了良好的师生关系对于学生的重要作用和影响。教师队伍建设是高校实践育人举足轻重的关键环节。建设一支政治立场坚定、有良好的专业素养和道德情操、有创新精神、值得大学生尊敬和信赖的教师队伍，是提升高校实践育人实效性的必然要求。人们相信自己的眼睛，往往优于相信自己的耳朵。也就是说，大学生不仅会听教师怎么说，还会看教师怎么做。高校教师“言传”固然重要，在课堂上豪情满怀，用真理的力量感召大学生，获取大学生的认知认同，但下了课应该怎么做，课堂上所学的理论应该怎么运用，其实相当一部分大学生并不知晓。在不会做的情况下，人的本能反应是“模仿”，而高校教师就是大学生模仿的首要对象。因此，相较于“言传”，“身教”的意义更加重大。高校教师唯有做到课上课下言行一致、知行合一，有真本领、真功夫，才会获取大学生真诚的信赖。

火车跑得快，全靠车头带。高校实践育人能否达到预期效果，教师的积极性、主动性和创造性能否充分发挥，大学生能否积极参与，全都离不开党的坚强领导。我国的高校是党领导下的中国特色社会主义高校，坚持党的领导是我国高校最显著的特征和最大的政治优势。高校党政领导，应切实抓好实践育人的整体设计规划和发展方案，围绕立德树人根本任务，在实践育人的师资队伍建设、组织实施、条件保障等方面采取有效措施，解决实际问题，并建章立制，形成一套行之有效的实践育人制度体系。

如果说高校教师在实践育人中从事的是专业实践教育，那么高校学生工作队伍从事的就是第二课堂实践教育，即课外实践教育。高校学生工作队伍，是指对大学生开展思想政治教育和日常管理服务的高校学生工作部（处）人员、共青团干部、辅导员、班主任，以及相关职能部门的工作人员。当前，我国各高校的学生工作队伍已经基本解决了“有人干”的职业化问题，但还需要进一步解决“干得好”的专业化问题，进一步严格准入制度、考核制度、淘汰制度，精选、配齐、配强学生工作队伍。在学生工作队伍中，尤其要抓好高校辅导员队伍建设，因为辅导员的工作直接面对大学生，他们是离大学生最近、与大学生最亲的“良师益友”，在实践育人中扮演重要角色。在实践育人中，高校要大力推进学生工作队伍的专业化和职业化发展，打造一支“专家化、学者型”学生工作队伍，抓好课上课下、线上线下的要素协同，共同为高校实践育人目标的达成保驾护航。

教师的神圣职责是“教书育人”，其中，“教书”主要是传授知识，而“育人”则是为党和国家培养建设者和接班人。“教书”和“育人”是一个整体，不可分割。从这个意义上讲，任何一名高校教职员工，无论其专业背景如何、无论其从事何种工作、无论其工作领域是在课上还是课下，都必须要承担起“教书育人”的职责，肩负起实践育人的这份责任。实践育人，不仅仅是高校教师的职责，也是全校教职工当仁不让的义务，更是家庭、社会共同的使命和担当。

二、受教育者

高校实践育人的受教育者，是指在高校实践育人过程中教育者施加教育影响的对象。受教育者是高校实践育人的对象和参与者，也是高校实践育人效果的直接体现者。离开了受教育者，高校实践育人便失去了意义。对高校而言，实践育人的受教育者就是全体在校大学生。

目前，我国高校大学生群体（本科生）已经普遍为“95后”和“00后”的青年，与“70后”“80后”大学生截然不同的是，他们有强烈的自我意识、网络化的生活习惯、个性化的标签。作为肩负民族复兴大任的时代新人，我国大学生群体的数量之多，大学生在今后社会主义现代化建设中所要承担的任务之艰，大学生的素质对于国家和民族未来发展的意义之重，都决定了高校必须高度重视实践育人工作，对大学生成长发展的内在需求和客观规律有深入细致的了解，从而正确、有效地引导大学生参与各种实践活动，在实践中长本领、长才干，更好地发挥当代大学生群体在实现中华民族伟大复兴中的主力军作用。

必须明确的是，在高校实践育人中，受教育者既是接受教育的客体，又是实践的主体，具有主观能动性。他们不仅要完成自身从知到行的转化，还会反作用于教育者、教育内容、教育载体和教育环境。在高校实践育人的过程中，大学生绝不是消极、被动地接受教育，而是实践活动的“主人”。面对五花八门的实践活动，他们可以自主选择参加或者不参加、什么时间参加、以怎样的形式参加、参加时间的长短和程度的深浅，等等。在每一项实践活动中，他们都可以充分发挥积极性、主动性、选择性和创造性。因此，高校实践育人应牢固树立“以生为本”的理念，在活动的策划和实施中坚持以学生为中心，从学生的成长需求出发，为学生提供学生需求与教师期望相吻合的实践育人“菜单”。

三、教育内容

高校实践育人的教育内容，是指根据一定的社会要求，针对教育对象的思想实际，经教育者选择设计后，有目的、有计划地传达给教育对象的、带有价值引导性的信息。我国高校实践育人的教育内容以马克思主义为指导，以社会主义核心价值观为引领，以促进大学生全面发展为目标，以大学生成长成才的实际需求为导向，为大学生树立正确的世界观、人生观、价值观、道德观和法治观服务，引导大学生在实践中将自己锻造成为堪当大任的国之栋梁。

推进高校实践育人工作，不能照本宣科，应注重理论育人与实践育人的有效衔接，彰显实践育人的特色。为此，在实践育人的教育内容上要抓住以下重点：一是注重中国特色社会主义理论教育。中国特色社会主义理论是支撑我们实现中华民族伟大复兴的重要力量，把其诠释好、宣传好、发展好、凝练好，用其来指导不断变化和发展的实践活动，是非常必要的。就高校而言，注重中国特色社会主义理论教育，能够增强大学生个体的感知能力、体悟能力和觉察能力，使大学生认知社会和理解理论变得更直接、更具体、更形象，将自身发展要求向党和国家的需要靠拢。二是注重党史国史和形势政策教育。高校实践育人应注重把党史国史教育融入实践育人的全过程，不断增强大学生的家国情怀，弘扬中国精神，以史为鉴，砥砺心志，奋力前行。三是注重人文素养教育。人文素养即人的科学研究能力、知识水平和专业能力所体现出的以人为中心的精神，概指人的文化素质与品德修养。人文素养是衡量社会文明进步的标尺。高校要以人文素养教育为抓手，引导大学生养成良好的行为习惯，思考人类生存的意义和价值的关怀，全面发展自己的实践能力和水平，提升社会责任感和使命感，不断增强实践育人的吸引力、感染力和凝聚力。

四、教育载体

高校实践育人的教育载体，是指能为教育者所运用，借此对受教育者进行实践教育，并与受教育者进行双向互动的具体活动形式，如实习、军训、“三下乡”等。高校实践育人内容的设定、方法的选择、教育者与受教育者之间的互动等，都有赖于教育载体。根据不同的教育内容，选择合适的载体，是加强和改进高校实践育人水平和质量的必然要求。

高校实践育人不是教育者单方面的教育过程，也不是受教育者单方面的实践过程，而是教育者和受教育者相互作用、相互影响的过程。教育载体作为这一过程中的重要环节，为教育者和受教育者搭建了互动和交流的舞台。首先，教育载体是高校实践育人发展的产物。专业实习实训、校园文化活动、志愿服务活动等教育载体，都是高校在长期的实践育人中产生和发展起来的，并随着时代的发展不断推陈出新。其次，教育载体是高校实践育人的具体形式。实践育人是一个抽象的概念，对何时实践、实践什么、如何实践、实践的效果如何等问题的回答，要在实践育人的具体活动中找答案。而正是教育载体，将抽象的实践育人具体化为各种实践活动。最后，教育载体直接影响高校实践育人的实效性。高校实践育人的实效性评价较为复杂，一般需要综合考虑多方面因素。而其中的教育载体，就是衡量高校实践育人实效性的一个重要因素。如果教育载体选择恰当，并得到较好的运用，高校实践育人就能顺利开展并取得良好成效；反之，就可能事倍功半，效果不佳。

一般而言，高校实践育人的载体具有以下特征：一是突出的实践性。教育载体本身就是一种活动形式，受教育者通过参与这些活动来接受实践教育，提升实践本领，所以实践性是教育载体的突出特征。二是明确的目的性。要么是提升大学生的专业实践能力，要么是锻炼大学生的就业创业本领，要么是增强大学生的社会责任感，要么是陶冶大学生的情操，任何一种教育载体都承载着一定的实践育人目标，高校会围绕特定目标，设定有针对性的实践活动。三是广泛的参与性。吸引全体大学生以不同形式积极主动地参与实践，是高校实践育人工作顺利开展的基本条件，也是实现教育载体功能的根本保证。

五、教育环境

环境是人赖以生存和发展的各种因素的总和。“人创造环境，同样，环境也创造人。”高校实践育人的教育环境，是指对高校实践育人目标产生一定影响的诸多要素的存在样态，包括政策环境、学校环境、社会环境和网络环境等。

党的十八大以来，党中央和国家教育主管部门根据时代的发展变化，适时出台了一系列与实践育人相关的指导方针和政策措施，为高校实践育人在新时代的发展营造了良好的政策环境，提供了全方位的条件保障。政策的关键在于执行，每一项教育政策的出台，都寄托着一定的教育理想。但是，再好的政策都离不开执行和落实。高校要认真研究政策，吃透政策，落实政策，不能是一面高高举起、一面轻轻放下。

《荀子 · 劝学》曰：“蓬生麻中，不扶而直。”良好的学校环境是高校实践育人的沃土。学校环境不仅包括高校特有的教学楼、图书馆、实验室、校园风景、等“硬环境”，还包括大学精神、校风、教风、学风、校园文化活动等“软环境”。高校要在各种类型的专业实践、社会实践、文体实践、网络实践活动中，借助校园文化宣传栏、校园广播、校园电视、校园网、校报校刊、新媒体平台等，把实践和劳动的价值观念、思维方式和行为规范加以系统展现，营造躬耕践履、积极向上的校园风气。

作为社会成员的一份子，大学生参加的任何一项实践活动都离不开良好社会环境的扶持，也离不开社会教育的参与。高校实践育人只有改变高校“单兵作战”的教育模式，开辟“三全育人”的新格局，积极营造“学校主导、家庭辅导、社会倡导”的良好社会环境，做到学校、家庭、社会各界戮力同心，协调配合，才能促使高校实践育人效果向着高质量发展。

互联网的开放性和共享性让信息网络时代的高校实践育人有了更加广阔的发展空间。然而，网络是一把“双刃剑”，网络信息鱼龙混杂，尤其是国内外一些别有用心的人士，以言论自由为借口，不断恶意煽动话题，颠倒是非黑白，破坏社会秩序。网络发展和监管过程中存在的种种问题，以及由此可能给高校实践育人带来的各种负面影响，使得营造风清气正的清朗网络环境成为抓好高校实践育人中教育环境这一要素的当务之急。

总而言之，实践育人要求高校在理论育人的基础上，将理论运用于解决实际问题的育人活动之中，让每一个教育要素都充分发挥实践育人的作用。在时间维度上做到“课前—课内—课后”三课一线的“全过程育人”；在空间维度上要做到“政策—学校—社会—网络”四位一体的“全方位育人”；在教育者维度上做到“党委—教学—科研—管理—学工”专兼合一的“全员育人”；在受教育者维度上做到各级各类实践活动全覆盖、一个都不少的“育全体大学生”。

第三节　我国高校实践育人的类型

我国高校实践育人的类型多种多样，若将其分类，依据不同的标准、从不同的角度会产生不同的结果。例如，按照教育内容分类，有专业实践和非专业实践；按照教育对象分类，有新生实践、在校生实践和毕业生实践；按照实践时间分类，有短期实践、阶段性实践和长期实践；按照实践地点分类，有课内实践和课外实践；按照实践范围分类，有校内实践和社会实践；按照实践方式分类，有线上实践和线下实践；等等。

而要考察高校实践育人的实效性，则必须对照目的看结果，即从实践育人是否实现了以及在多大程度上实现了教育目的的比对中去寻找。因此，按照实践育人的不同目的，可将我国高校实践育人划分为以下四种基本类型：为了夯实大学生专业基础而开展的专业实践、为了提升大学生社会责任感而开展的社会实践、为了促进大学生全面发展而开展的文体实践和为了适应信息社会对人才的需求而开展的网络实践。这四种类型的实践育人活动，基本涵盖了目前我国高校普遍开展且具有典型意义的实践活动全貌。

一、专业实践活动

专业实践活动既是高校实践育人的重要环节，又是高校教学工作的重要组成部分，是学生学习并应用专业知识的重要途径。同时，专业实践活动又可细分为大学生课程实践、实习实训和就业创业活动等。

大学生课程实践是指在大学生在任课教师的指导下，结合某一门具体课程，理论联系实际，将所学内容运用到社会生活中的一种学习实践活动。高校要立足人才培养目标，坚持以专业实践能力培养为主线，建立与课程体系相适应，体现教学与科研相结合，具有学科特色的课程实践体系。适时增加课程实践的学时，提高课程实践的学分。理工农医类本科专业实践学分比例要逐渐达到30%以上，人文社科类本科专业要逐渐达到20%以上，专科专业不少于50%，师范生实习支教不少于1个学期。积极推进实践教学改革，稳步提高综合性、开放性实践活动比例，引导大学生开展自主性实践活动。鼓励将科研成果与实践项目有机融合，鼓励各级各类科研平台、实验室向大学生开放。

大学生实习实训是把大学生直接安排到工作岗位上，在工作中学习，在真刀真枪的实际工作中检验大学生实践能力的一种实践活动。一般而言，大学生实习实训会根据不同专业的需要，采取集中与分散相结合的形式组织。大学生实习实训的顺利开展，有赖于校内外各方的共同努力，积极开展校内外实践协同育人，合作共建专业实习实训平台，推动师资与课程等资源共享。在大学生实习实训中，高校要加强对大学生毕业论文（设计）的指导，进一步提高毕业论文（设计）与社会实际、企业生产、教师科研或学生创新项目的关联度，实施全程监控，使大学生在知识吸纳、能力提升等方面均得到训练和提高。

大学生就业创业活动是高校帮助大学生在毕业之前做好职业生涯规划，树立正确的就业观、择业观和创业观，推动实现大学生毕业即就业、想创业即能创业而开展的实践活动。通过就业政策宣传、毕业教育、就业指导、校园招聘、创业孵化等形式，满足大学生就业创业的多样化需求，促进高校毕业生更加充分、更高质量就业。大学生就业创业工作是“一把手工程”，高校要高度重视，拓宽校园招聘主渠道，搭建就业创业供需对接平台，优化供需对接方式，力促提质增效。在大学生就业创业活动中，高校努力做到毕业教育动心、就业指导人心、就业服务暖心、就业跟踪贴心，要精细精准帮扶就业创业困难群体，实施重点群体毕业生就业创业能力提升行动，确保工作落到实处。

二、社会实践活动

社会实践活动是高校实践育人的有效载体，也是大学生理论联系实际、走进社会、服务社会的重要平台。与专业实践活动更强调大学生的专业知识和专业能力所不同的是，社会实践活动直接将大学生送进社会的“大熔炉”里，接受全方位的社会化训练，加速大学生的社会化进程，引导和帮助大学生在社会实践中提升综合素质。另外，在社会实践活动中也存在一定形式的专业实践活动，如实习、求职、就业、创业等，既属于专业实践，又属于社会实践，存在一定的交叉。但社会实践活动更强调大学生的综合素质和能力，例如，党的路线方针政策的宣传宣讲、社会调研、志愿服务、红色教育、挂职锻炼等，均是我国高校组织开展的大学生社会实践活动的主要形式。

大学生理论宣传宣讲活动通过选拔优秀大学生组建理论宣讲报告团的形式，走进学校、社区、村屯、广场，用带着青春气息的特色宣讲，向人民群众传播党的理论和路线方针政策。大学生理论宣讲服务团会把人民群众关心和关注的理论、政策、热点以通俗化、具体化、形象化的形式，如知识宣讲、文艺宣讲、图片宣讲、问答宣讲等，传播给人民群众，力求深入浅出，引人入胜。大学生理论宣传宣讲本身就是大学生自我教育的过程，充分发挥了大学生在实践中的主体性地位，让大学生变身为新时代精神的参与者、传播者和代言人，在培养大学生社会责任感的同时，也传递了“为学为人”的接力棒。

大学生社会调研是高校组织大学生就社会生活中的某一情况、某一事件、某一问题，深入实际、深入社会进行全面细致的调查研究，把调查研究得来的情况进行科学分析，以反映问题，揭示事物发展的规律，提出解决路径的一种社会实践活动。围绕大学生关注的社会热点问题，组织下乡实践或基层调研，用自己学到的知识、掌握的本领帮群众查找问题、分析问题、解决问题。这样的社会调研活动，既可以督促大学生走出教室，走向田间地头，锻炼动手能力，提升实践本领，又可以提升大学生的理论素养和科学研究能力。

大学生志愿服务活动是指大学生利用自己的时间、技能、资源和善心为社会提供非盈利、无偿、非职业化援助的行为。高校组织的大学生志愿服务活动的范围主要包括乡村振兴、环境保护、文明实践、关爱少年儿童、为老服务、阳光助残、卫生健康、应急救援与疫情防控、社区治理与邻里守望、节水护水、文化传播与旅游服务、法律服务与禁毒教育等。大学生志愿服务活动使大学生获得了深入接触社会实际、真实了解与认识中国国情的极好机会，不仅丰富了他们的人生阅历，还增强了他们对社会的认识；不仅强化了他们的社会责任感，还激发了他们爱岗敬业的奉献精神；不仅提升了他们的团队协作能力，还增强了他们关心和帮扶社会弱势群体的意识。

大学生红色教育是高校组织大学生深入革命老区或红色教育基地，身临其境地感受革命先烈的英雄事迹，了解中国革命、建设和改革的历史进程和伟大成就，通过“看”（实地参观教育基地）、“学”（学习党的历史和革命文化）、“感”（在参观学习后撰写心得体会）相结合的方式，引导大学生树立科学信仰、坚定理想信念的一种实践育人活动。红色文化是物质文化与精神文化的统一体，无论是红色旧址、红色文物等物质层面的红色文化，还是红船精神、苏区精神等精神层面的红色文化，都蕴含着中国共产党人的坚定立场、顽强意志、光荣传统、优良作风和远大理想，彰显着党领导中华民族实现站起来、富起来到强起来的伟大飞跃的红色文化基因。这些文化基因，为新时代大学生提升党性修养、升华理想信念、传承优良传统提供了鲜活的教育素材，激励大学生自觉把个人的理想追求融入国家和民族的事业中，树立为共产主义远大理想和中国特色社会主义共同理想而奋斗的信念和信心。

大学生挂职锻炼是大学生到机关、企事业单位或基层任职，根据工作实际和所挂职务实际，履行岗位所要求的日常管理、科技推广、学习宣传、文化卫生等职责的一种实践育人活动。挂职锻炼可增强大学生在统筹城乡发展、推进社会主义新农村建设中的责任感和使命感，提升大学生服务基层、回报社会的能力。选派高校优秀大学生骨干到基层挂职锻炼，无论对青年大学生群体还是地方发展而言，都是双赢的选择，既可以使越来越多的大学生成长为服务基层的“排头兵”，又可以积极争取高校和社会资源为基层解决实际问题，助力基层经济社会发展。

三、文体实践活动

文体实践活动是高校为培养德智体美劳全面发展的时代新人而开展的校内外文化艺术活动和体育活动的总称。在大学校园里，丰富多彩的文体活动是联系青年的纽带，也是丰富校园文化的催化剂，不仅可以活跃大学生活，还可以提升大学生的向心力和凝聚力，增进彼此感情，促进大学生全面发展。高校组织开展的文体实践活动主要有学术科技活动、文化艺术活动、体育活动和社团活动等。

大学生学术科技活动是大学生在学校组织、教师指导下，自主参加的学术、科研、创新、创业类活动，其实质是对大学生科技实践与创新思维的训练。大学生学术科技活动在培养大学生创新精神、创新意识等方面具有重要作用。高校组织大学生学术科技活动的模式有：一是开放科研平台，申报科研项目，吸引大学生参与；二是举办学术科技类竞赛，如“挑战杯”大学生课外学术科技作品竞赛、大学生数学建模竞赛等都是深受大学生关注和喜爱的赛事；三是创建科技创新基地，整合资源，促进成果培育和可持续发展。

大学生文化艺术活动是高校为了培养有利于大学生健康成长的校园文化氛围，教育和引导大学生以勤于学习、善于创造、提升内涵的实际行动，发展特长，提升综合素质，培养大学生的创新意识、竞争意识和团队意识而开展的文化艺术类活动的总称。大学生文化艺术活动的形式较为灵活，有高校集中开展的“校园文化艺术节”，也有专项开展的音乐、舞蹈、诗词、书法、绘画、摄影、微电影等竞赛和展示活动。文化艺术活动因题材多样、生动鲜活、寓教于乐，深受大学生的喜爱和欢迎。

大学生体育活动是指高校为提升大学生身体机能，增强大学生身体素质，培养大学生团结拼搏、永不言败的精神，树立大学生坚定的信念而在体育课之外面向大学生组织开展的各种体育活动。大学生体育活动的形式主要有广播体操、健身跑、运动会、球类竞赛、棋类竞赛、趣味运动会、军训等。

大学生社团是指大学生在自愿的基础上形成的各种群众性文化、艺术、学术团体。大学生社团应在保证大学生完成学习任务和不影响学校正常教学秩序的前提下开展各种活动。大学生社团活动的目的是活跃校园文化氛围，提高大学生自我教育、自我管理的能力，拓展兴趣爱好，丰富课余生活，增进人际交往，提升综合素质。大学生社团活动的种类丰富多彩，包括各种理论研究会、文艺社、棋艺社、影视评论社、摄影社、美工社、篆刻社、歌咏队、话剧团、篮球队、足球队、信息社、动漫社等结合自身实际开展的形式多样的社团文化活动。

四、网络实践活动

网络实践活动是高校为适应信息社会对人才的需求，发挥网络文化滋养人心、凝聚力量的作用，推动大学生积极参与网络文化作品创作，增强高校立德树人的吸引力和实效性而开展的线上实践育人活动的总称。高校组织开展的网络实践活动主要有网络课程、互联网大赛、网络营销大赛、网页设计制作大赛、网络安全教育等内容。

大学生网络课程也就是线上课程，是课堂教学之外大学生利用互联网获取知识的一种学习方式。网络课程涵盖的专业非常广泛，从人文社会科学到自然科学，从应试课程到素质教育课程，五花八门，应有尽有，且质量参差不齐，这在一定程度上为大学生甄别适合自己的优秀网络课程增加了难度。辩证来看，网络课程对大学生的成长成才有利有弊。网络课程在给大学生提供了便捷学习条件的同时，在缺乏监管的情况下，大学生在网络课程中也容易出现学习态度不端正、上课不认真、敷衍了事等情况。

大学生网络技能竞赛旨在提高大学生的计算机网络基础及应用知识，培养大学生动手实践能力，从而发掘出大学校园中的优秀信息化人才，推进国家信息化基础建设的进程。大学生网络技能竞赛一般分为微电影、动漫、摄影、网文、公益广告、音频、校园歌曲等单元，通过竞赛的形式达到以赛促学、以赛代训的目的，鼓励大学生进行网络创新，提高创新思维、网络技能、专业技能以及解决网络中的问题的实际能力，培养复合型、应用型的网络技能人才。

大学生网络安全教育是高校针对大学生在互联网上可能会出现的上网成瘾、游戏成瘾、购物成瘾、网络诈骗、网络贷款、“黑客”攻击、不良信息、网络谣言等进行的安全教育活动。长期有效的网络安全教育是高校培养大学生网络安全意识、强化网络安全责任、提升网络素质的重要举措，一方面，可以让大学生在心理健康、网络道德上得到科学的教育和引导，规范大学生的网络行为；另一方面，能提高大学生网络应对能力，避免受到网络不良行为和不良信息的侵害。

第三章
新时代高校专业实践活动的路径创新

新时代为高校实践育人吹响了奋进的号角，也提出了新的要求。在总结经验、肯定成效、查摆问题的基础之上，如何推进我国高校实践育人在新时代进一步向前发展，切实提升大学生德智体美劳综合素质和整体能力，是当前每一所高校、每一位教师都应该认真思考的重要问题。

如果要在高校实践育人的整个体系中寻找一个核心，那么非大学生专业实践活动莫属。因为对于高校教育教学而言，专业实践活动直接与课堂教学紧密相连，是课堂教学的课外补充和延伸，其地位和作用显而易见。而对于大学生而言，专业水平和专业能力往往与他们未来所从事的职业，甚至与人生发展、社会地位息息相关，其重要性也无须赘述。

本章紧扣高校专业实践活动这一实践育人的核心环节，分别从大学生课程实践、大学生实习实训和大学生就业创业三个主要维度，探索新时代背景下的创新路径。

第一节　课程实践

大学生课程实践是高校专业实践活动中的一个重要组成部分。所谓课程实践，是指高校顺应现代教育理念发展的要求，在理论知识灌输的基础上，将课堂教学延伸到课外，让大学生理论联系实际，在实践中运用所学知识解决实际问题，做到学有所思，思有所悟，悟有所得，从而实现知行合一的一种教育教学手段。课程实践从学校或教育者的角度又被称为“实践教学”。

一个人的能力和水平不是体现在他掌握多少知识，学会多少道理，而是体现在他的行动上。纸上谈兵终究是空谈，一纸成绩定输赢的教学评价方式也已成为过去。一门课程学习以后的效果如何，终究要通过大学生的实践来体现。对于高校而言，授人以鱼不如授人以渔，课堂教学至关重要，但单纯地坐而论道还不足以实现大学生的全面发展，必须辅之以课程实践，让大学生身体力行，亲力亲为，在实践中掌握理论的精髓。

一、课程实践的目的任务

在高校各类课程中有计划、有针对性地开展课程实践，是落实中共中央、国务院关于高等教育的各项部署要求，为国家和社会培养高素质专门人才和创新人才，促进人才培养模式创新和人才培养质量提升的重要举措。通过课程实践，大学生可以更好地学以致用、巩固知识、练就本领、查找不足、提高素质，树立正确的世界观、人生观和价值观，积极投身社会主义现代化建设的伟大实践。

大学生课程实践要致力于完成以下任务：第一，与课堂教学相互补充，形成良性互动。课程实践与具体课程紧密相连，一般在课堂教学过程中或课堂教学结束后开展，以实践的形式帮助大学生消化课堂上所学的理论知识，增强实践能力。任何形式的课程实践活动都必须结合课程内容有目的、有计划地设计安排，让大学生在学中做、在做中学，促进理论与实践的良性互动，提升教学质量和教学效果。第二，以问题为导向，引导大学生在实践中提升运用科学理论分析和解决现实问题的能力。问题是时代的声音，问题源于实践，人们对问题的研究和问题的解决又助推了实践的深入发展，与之相伴的是不断涌现出新问题，如此循环往复，推动时代的发展。课程实践就是让大学生直面问题，在活生生的实践中发现问题，并用课堂所学来分析问题和解决问题。第三，深入基层，深入群众，用生动鲜活的事实感召大学生，引导他们客观、辩证地认识国情、认识社会。课程实践的地点一般在社会主义现代化建设的一线现场。在保证实践效果和质量的前提下，按照“就近不就远”“相对稳定”“节约实效”的原则开展。结合教学大纲和教学重难点、结合大学生所学专业、结合大学生学习生活的实际情况，选择具有一定代表性或典型意义的社会实践地点（区域）开展社会实践活动，增强课程实践的针对性、实效性和吸引力、感染力。

二、课程实践的主要形式

大学生课程实践的形式因专业、课程和学生的不同，呈现出多样性的特点。任何课程在设计实践活动时都要符合专业实际，遵循科学性、合理性、可操作性的原则，设计开展有针对性的实践活动。一般而言，高校大学生课程实践包括以下几种主要形式：

（一）实验

实验是指大学生在教师指导下，就课程中某些特定问题进行观察、测量、数据处理与分析，并得出或验证某些科学结论的一种实际育人方式。实验的目的在于培养大学生运用实验方法和实验设备，观察、了解各种运动现象，研究、探索其运动规律的技能。实验一般在实验室或其他实验场所进行。实验题目来自具体课程，实验所用的仪器、设备、材料、手段等由教师根据教学大纲进行规定。实验结束后，大学生对实验进行总结，并提交实验报告。

（二）课程设计

课程设计是指在高校教育环境中，旨在使大学生获得的促进其全面发展的具有教育性经验的计划。在课程设计中，大学生一般采取小组合作的形式，集体完成一个中小型项目的设计和研发，并提交设计报告。如计算机程序设计课的课程设计，一般是完成一项涉及本课程主要内容的综合性、应用性的计算机程序开发；再如公共建筑课的课程设计，一般是完成一项公共建筑的设计图纸等。课程设计一方面突破了课堂教学的局限，把课程范围拓展到整个高校教育环境中加以界定；另一方面突破了以往只注重知识、经验积累的局限，把积累、迁移、促进大学生全面发展等方面因素作为指标。

（三）讲座或专题报告

讲座或专题报告是指结合高校某一课程的具体内容，大学生针对教师指定或自己设定的选题，进行深入的理论研究或实证研究，形成研究成果，再以专题讲解的形式与教师和同学分享研究成果或研究心得的一种实践育人方式。讲座或专题报告完成后，大学生提交讲稿或心得体会。

（四）讨论

讨论是指围绕教学内容中出现的某一观点，组织大学生各抒己见，平等、民主地进行交流探讨的一种实践育人方式。教师可以以社会热点问题或大学生身边的问题为切入点，组织大学生进行课堂讨论。讨论结束后，大学生提交讨论稿或心得体会。

（五）辩论

辩论是指教师在课程教学中，将某一存在两种对立观点的社会问题设为辩题，将大学生分成正、反两方进行辩论，以达到了解事实、明辨是非、交流思想的目的，提高大学生运用所学理论分析问题和解决问题能力的一种实践育人方式。辩论结束后，大学生提交辩论稿或心得体会。

（六）演讲

演讲是指教师在课程教学中，组织大学生针对某个具体问题，公开、鲜明地发表自己的见解和主张，用语言来阐明事理或抒发情感的一种实践育人方式。演讲结束后，大学生提交演讲稿或心得体会。

（七）案例分析

案例分析是指教师选择能够反映课程中某一重要知识点的事件作为教学案例，以典型性和真实性为基础，让大学生感受或模拟事件发生、发展的过程，然后以各自的视角，从不同的层面对案例做出分析和决策，以加深对所学知识的理解的一种实践育人方式。活动结束后，大学生提交案例分析报告。

（八）参观考察

参观考察是指教师结合课程特点，根据课程内容，组织大学生参观爱国主义教育基地、博物馆、纪念馆、社会主义新农村、生产建设一线、中小学、幼儿园等，通过观察走访、查阅资料，了解社情民意，开展社会调研的一种实践育人方式。活动结束后，大学生提交考察报告或心得体会。

三、课程实践的路径创新

随着高校教育教学改革的不断深化，大学生课程实践的方式方法也不断推陈出新，已经形成了一系列具有代表性的好思路、好方法。新时代高校要全面提升人才培养质量，首先要认真总结大学生课程实践现有的经验，推出一批有育人实效、有典型意义、可推广的课程实践创新路径。

（一）翻转课堂

翻转课堂，顾名思义是将传统意义上的由“教—学”的模式转变成由“学—教”的模式，也就是重新调整课堂内外的时间安排，教师将学习的决定权转移给大学生的一种实践育人方式。在翻转课堂中，教师不再占用课堂上的时间来讲授知识，而是让大学生自己实践，在上课之前利用丰富的信息网络资源自学课程内容，大学生完成自学后，课堂上师生就课程的重难点问题展开交流、分享和讨论。

翻转课堂是高校实践育人的一种创新手段。大学生可以通过看视频、听网课、查资料来自学，还可以在网络上与其他同学讨论交流。大学生通过自主规划学习内容、学习节奏、学习风格和呈现知识的方式，真正成为学习的主人。教师在课堂上也有更多的时间与大学生充分交流，了解他们的学习情况，及时做出引导或纠正，满足大学生的学习需求，促成他们的个性化学习。让大学生自己通过实践获得更真实的学习体验，就这点而言，翻转课堂的实践育人效果是成功的。

但翻转课堂也存在一定的问题：一方面，从大学生的角度来看，虽然翻转课堂将学习的主动权交给了大学生，但是大学生的自主学习能力能否胜任这项工作，还有待进一步考察。例如，组织大学生课前自学新的知识点，上课时教师不讲新课，而是直接组织讨论，那么大学生课前的自主学习能否达到应有的效果，就成了翻转课堂能否顺利进行的关键。不可否认，目前国内大学生不擅于提问、学习主动性不强的问题依然存在，这两个问题会直接让翻转课堂的实效性打折扣。另一方面，从教师的角度来看，在翻转课堂中，教师的功能其实不是被淡化了，而是被增强了。翻转课堂要求教师通过设问、追问、与大学生深度讨论和检查作业等方式来分析和把握大学生的学习效果，这无疑是对教师职业素质提出了更高的要求。

因此，翻转课堂这一高校实践育人的创新路径对高校教师、对大学生都提出了更高的要求，只有师生共同努力，育人效果方能彰显。

（二）情境教学

人是有血有肉有情感的社会存在。正因为人的本质属性是社会性，所以人不仅有物质需要和精神需要，还有深层次的情感需要。情境教学是教师在教学过程中，为了让大学生更好地理解教学内容，借助一定的情境或场景来调动大学生内心深处情感共鸣的一种实践育人方式。一方面，情境教学能让大学生身临其境地从当时、当事、当景中理解所学内容，情感迅速升华，进而潜移默化地接受教育；另一方面，寓教于情的情境教学，能够提升大学生对所学理论的理解能力和应用能力，因为理论一旦具备情感的温度，就能深深地打动人，使大学生产生同理心和共情力。

情境教学的方式是灵活多样的，红色革命基地参观、诗歌朗诵、音乐欣赏、历史情景剧表演、微电影拍摄等不同的情境教学方式，对高校实践育人而言都是不错的选择。教师可结合教学内容，给大学生布置诗歌朗诵、微电影或情景剧等实践任务，引导大学生自编、自导、自演某一具体故事情节，或是对某一经典故事情节进行原景重现。这种实践育人方式寓教学内容于具体形象的情境之中，用轻松的体验方式，辅之以音乐、舞蹈、诗歌等艺术手段，常常能起到震撼心灵的作用。

（三）理论研究

理论研究是指教师根据教学目标，向大学生提出要调查研究的领域，指导大学生通过理论分析和实践调查，主动发现问题并寻找答案，以培养大学生研究能力和钻研精神的一种实践育人方式。这一育人方式因难度较大、要求较高，对大学生综合素质的训练也更加全面。

理论研究的一般流程为：第一步，大学生先确定要研究的问题，根据问题，以小组为单位展开讨论，制订研究计划，明确研究任务；第二步，大学生收集和梳理与问题相关的文献资料，了解前人的研究成果；第三步，初步形成一个理论假设，并由小组共同进行实践验证，对实践过程中获取的数据和资料进行统计分析；第四步，大学生对问题形成合理的解释，或得出结论和规律，或提出问题的解决办法。

高校实践育人中的理论研究可以以大学生国情社情调研的形式开展，由大学生自主选择他们感兴趣的社会热点问题，自行组队，自行编制调研计划，自行开展田野调查，从课堂所学内容中寻求分析和解决问题的路径，撰写调研报告，再向同学分享和汇报研究成果。

四、课程实践的考核评价

大学生课程实践的考核一般由教师结合大学生参加实践活动态度、表现、出勤、完成任务情况、实践成果的形式和质量等内容，进行综合评价。大学生课程实践的成果一般以实验报告、设计图纸、演讲稿、讨论稿、辩论稿、案例分析报告、心得体会、微电影（短视频）、论文等形式呈现。

大学生课程实践的成绩是所属课程总成绩的一部分，按照一定的权重或比例计入该门课程的期末总成绩，同时计算学分，作为大学生综合评价的重要依据。大学生课程实践的成绩一般分为优秀、良好、中等、及格和不及格五个档次，优秀率一般不超过20%。

对在课程实践中涌现出来的先进集体、先进个人和优秀实践成果，高校还应给予相应的表彰和鼓励。

第二节 实习实训

大学生专业实践活动除要依托具体课程开展之外，还需结合专业需求，在大学生进入职场之前，对他们进行全面、集中的职业技能训练。实习和实训就是其中的重要环节。

实习和实训是两个既相互区别，又紧密联系的概念。所谓实习，是指高校在大学生毕业离校之前，以集中安排或自行选择的方式，组织大学生提前进入工作岗位进行实践锻炼，利用实际工作中对知识的应用情况来检验学习效果，做好进入职场前的“实战演练”，提升工作能力。一般情况下，因实习期的大学生尚未毕业，所以无法作为劳动力办理录用手续和缴纳社会保险。用人单位招聘在校实习生，实习工作期间会适当支付薪酬。所谓实训，是职业技能实际训练的简称，也就是“实习（实践）+培训”，是指高校为实现人才培养目标，对大学生开展与职业能力相关的培训，并开展实践训练的专业实践活动。实训的目的是全面提高大学生的职业素质和实践能力，提升大学生就业率和就业满意率。对于大学生而言，通过实训，一方面，可以积累实践经验；另一方面，可以降低就业的成本和风险，增加就业的机会。

传统的课堂教学往往以教师讲授为主，在教学过程中以教师为中心，大学生被动接受，动手实践的机会并不多；实习则把大学生直接安排到了工作岗位上，在岗位上接受锻炼，大大提升了大学生的动手操作能力；而实训结合了两者的优势，通过模拟实际工作环境来授课，教学采用来自真实工作项目的实际案例，教学过程理论联系实际。这种参与式的学习能让大学生在最短的时间内提升专业技能、实践经验、工作水平和团队意识，大学生经过实训后，有能力直接胜任工作。

正因为实习实训密不可分且至关重要，各高校一般会在大学生毕业离校前拿出几个月或一个学期的时间（高等职业技能类院校可长达一年）组织大学生实习实训，安排大学生接受岗位训练。

一、实习实训的目的任务

大学生实习实训是高校培养大学生独立工作能力，促进大学生将理论知识转化为实践能力的重要教学环节，是对大学生所学知识综合运用能力的全面检查。高校开展大学生实习实训要全面贯彻党的教育方针，遵循大学生成长发展的规律和职业能力形成的规律，科学组织、依法实施，保护大学生的合法权益。要坚持理论与实践相结合，强化校企协同育人，将职业精神养成教育贯穿大学生实习实训的全过程，提高人才培养质量，增强大学生的社会责任感、创新精神和实践能力。

实习是大学生全面接触工作岗位，直接参与实践的过程。大学生要全面掌握实习内容，认真完成以下实习任务：一是了解社会，服务社会。大学生在实习期间要深入社会，在具体的工作岗位上开展工作，综合运用大学四年所学的理论知识了解社会发展现状，熟悉业务流程，强化认知能力、动手能力和创新能力，立足实习岗位，做出新业绩。二是确立职业理想。大学生职业理想的确立要在真刀真枪的实际工作中完成，通过亲身经历，验证自己是否真正喜欢这个职业，能否胜任这个职业，及时纠正和反馈自己的职业生涯规划。三是完成工作任务。明确自己所从事工作的具体内容、核心能力、岗位职责、工作流程、行业标准等，通过切身体验和实际工作，认真完成各项工作任务，从中寻找职业获得感。四是找到自身的短板和不足。实习不仅是为了落实工作，还要明确自己的能力水平与实习岗位要求之间的差距，以及与自己的职业理想之间的差距，并在实习结束后制订切实可行的补短计划，明确差距，补齐短板，向职场中的行家里手看齐。

相较于实习，实训的重点在于“训”。实训是对现实工作环境的模拟，大学生通过参与这种模拟训练来提升专业水平和职业技能。高校组织开展大学生实训要重点把握以下几个方面：一是努力呈现出真实的职业场景。在安排、布置大学生实训场地时，高校要考虑尽可能贴近真实的职业环境和氛围。二是强调实训项目的应用性和规范性。高校在设计实训项目时，应该有明确的功能应用性，使大学生了解该项目在现实中的实际应用和规范要求，并自己动手完成。三是加强技能操作训练。实训不只是培训，不能简单满足于大学生对某项技能的了解与知晓，还应该让大学生独立操作，并熟练掌握相关技能。这就需要有一定时间、一定量的积累，让大学生反复操练，熟能生巧。同时要设置一定的障碍，让大学生自行纠正并恢复，达到举一反三、触类旁通的目的。四是构思创新型的实训项目，提高实训的科技含量，促进大学生手脑并用，均衡发展。五是提高实训项目的适用性和经济性。从节约经费、减少占地空间、降低污染等角度，设计规划大学生实训项目，避免浪费，确保实训项目的可持续发展。

二、实习实训的基本类型

大学生实习实训一般可分为认知型实习实训、工具型实习实训、顶岗实习、毕业设计（论文）教学型实习实训等类型。高校各专业一般会根据本专业的培养目标、要求以及教学进度，确定实习实训的形式和时间，并将实习实训列入整体专业培养方案之中。因此，大学生实习实训也属于专业实践的范畴，是高校实践育人的一种方式。

（一）认知型实习实训

认知型实习实训是指以问题为中心，组织大学生到校外实习实训基地参观、访问、调查、体验，直观感受社情民意，增进对问题的认知和理解，从而寻找解决问题的路径和方法。认知型实习实训一般包括基层实习、社会调研、社会服务、公益活动等。

（二）工具型实习实训

工具型实习实训是指借助物质工具，组织大学生参加改造客观世界的实践活动。工具型实习实训的目的不仅是培养大学生手脑并用的工具型技能，更是以此为载体，强化劳动观念和行为意志，激发敬业精神，塑造创新品格。工具型实习实训一般包括生产劳动、环境治理、临床医学、工具制作、创新创业等。

（三）顶岗实习

顶岗实习是指大学生在学校经过一定时间的理论知识储备之后，到专业对口的实习现场直接承担某一岗位的工作，完成该岗位的工作任务，掌握该岗位的工作技能和实践本领，养成良好的职业精神和职业态度的一种实习实训方式。被置换出来的原有岗位的工作人员可以借此机会参加进修、培训，或观摩大学生的顶岗情况，相互借鉴，共同提高。顶岗实习要求大学生完全履行其实习岗位的所有职责，独当一面，对大学生具有很大的挑战性，对他们实践能力的锻炼和提升具有重要作用。

（四）毕业设计（论文）

毕业设计（论文）是培养大学生综合分析问题、解决问题和基本研究能力的一种实习实训方式。在教师的指导下，大学生严格按照科学研究的步骤和方法，对选定的课题进行整体设计和系统研究，撰写出能代表自己学习和研究水平的毕业论文或毕业设计报告。在毕业设计（论文）阶段，为确保成果质量，高校应严把“选题关”“指导关”和“答辩关”，实施全程监控与指导，使大学生在知识、能力和素质等方面均得到综合训练和全面提升。

三、实习实训的路径创新

新时代高校做好大学生实习实训工作，要在三个方面下功夫：一是科学规划，建立健全实习实训管理制度，深耕细作高校人才“培养链”；二是全程监管，做好做精实习实训过程管理，筑牢筑实工作岗位“需求链”；三是做好服务，落实保障实习实训大学生的待遇，优化完善后勤保障“服务链”。

（一）加强对实习实训的顶层设计

第一，加强实习实训的教学体系建设。高校应结合专业特点和人才培养目标，系统设计实习实训的教学体系，制定实习实训大纲，健全实习实训质量标准，科学安排实习实训内容。鼓励根据实习实训单位的实际工作需求，设计大学生实习实训项目，开展研究性实习实训，推动多专业知识能力的交叉融合。

第二，合理安排实习实训的组织形式。高校应根据专业特点和实习实训内容，确定实习实训的组织形式。各类实习实训原则上由学校统一组织，集中开展。毕业实习、顶岗实习可以允许大学生自行选择单位开展分散实习实训。对分散实习实训的学生，也要严格实习实训的管理和审核，确保实习实训的质量。

第三，科学制定实习实训方案。高校应根据实习实训内容，按照就近安排、相对稳定、节约高效的原则，选择专业对口、设施完备、技术先进、管理规范、符合安全生产等法律法规要求的单位开展大学生实习实训。要打破理论教学的固化安排，根据实习实训单位的生产实际和接收能力，错峰灵活安排大学生实习实训时间，合理确定实习实训流程。

第四，选好配强实习实训指导教师。高校与实习实训单位应分别选派经验丰富、业务素质好、责任心强、安全防范意识高的教师和技术人员全程管理、指导大学生的实习实训。对自行选择单位分散实习实训的大学生，也要安排校内教师跟踪指导。根据实习实训教学指导和管理需要，合理确定校内指导教师与实习实训大学生的比例。

（二）做好实习实训的过程管理

第一，抓好实习实训的组织实施。高校应当会同实习实训单位共同制订大学生实习实训计划，明确实习实训目标、任务、考核标准等，共同组织实施好大学生实习实训。实习实训指导教师要做好实习实训大学生的培训，现场跟踪指导大学生实习实训工作，检查大学生的实习实训情况，及时处理实习实训中出现的问题，做好考核。

第二，明晰各方的权利义务。高校在确定大学生实习实训单位前要进行实地考察评估，确定满足实习实训条件后，与实习实训单位签订合作协议，明确双方的权利、义务以及管理责任；未按规定签订合作协议的，不得安排大学生实习实训。

第三，加强大学生的教育管理。高校要做好大学生的安全教育和纪律教育。实习实训单位要做好大学生的安全生产和职业道德教育。大学生应当尊重实习实训指导教师和现场技术人员，遵守学校和实习实训单位的规章制度和劳动纪律，保守实习实训单位的秘密。

第四，做好大学生的权益保障。高校和实习实训单位要为大学生提供必要的条件及安全健康的环境。实习实训前，高校应当为大学生购买实习责任险或人身伤害意外险。

第五，加强顶岗实习的管理。顶岗实习是培养应用型人才必不可少的实践环节，各高校应科学组织，依法实施。签订学校、实习单位、大学生三方实习协议，明确各自的权利、义务和责任。严格遵守工作时间和休息休假的规定，保障顶岗实习的大学生获得合理报酬的权益。

（三）加强实习实训的组织保障

第一，健全工作责任体系。高校是大学生实习实训管理的主体，学校党政主要负责人是第一责任人，负责建立大学生实习实训运行保障体系。教务部门是大学生实习实训管理的责任部门，组织开展实习实训教学改革与研究，建立健全实习实训管理制度，明确相关部门工作职责和工作流程，做好实习实训工作的检查督导。各教学单位和实习实训单位落实管理责任，负责加强实习实训的组织管理，做好安全及其他突发事件的风险处置。

第二，加强实习实训基地建设。高校应不断深化产教融合，大力推动大学生实习实训基地建设，鼓励建设满足多专业实习实训需求的综合性、开放共享型实习实训基地。结合大学生实习实训基地条件和实习实训效果，对实习实训基地进行动态调整。

第三，推进实习实训信息化建设。加强大学生实习实训信息化建设，探索建立实习实训信息化管理平台，实现校企双方的实习实训需求信息对接。加强现代信息技术、虚拟仿真技术在大学生实习实训中的应用，开发相应的虚拟仿真项目，替代因生产技术、工艺流程等因素限制而无法开展的现场实习实训。

第四，加大实习实训经费投入。首先，高校应加大对大学生实习实训的经费投入，确保实习实训的基本需求。其次，积极争取实习实训单位的支持，降低成本，确保实习实训质量。

第五，加强实习实训工作监管。省级教育行政部门应加强对高校实习实训工作的监管，重点监督高校本科生培养方案中大学生实习实训环节设置是否科学合理、实习实训组织管理是否规范、大学生安全和正当权益是否得到保障、实习实训经费是否充足、实习实训效果是否达到预定目标等。对大学生实习实训工作扎实有效、实习实训教学改革与研究成效显著的高校予以表彰。对大学生实习实训过程中存在的违规行为及时查处，对监管不力、问题频发、社会反响强烈的学校和地方，要约谈相关负责人，督促其落实主体责任，并在一定范围内进行通报批评。

四、实习实训的考核评价

实习实训是高校的一门必修课，全体大学生均须参加，并且要严肃对待实习工作，在思想上重视、在行动中努力。凡实习实训成绩不合格者，不予毕业。

各类大学生实习实训的考核办法、评分标准应结合学校相关规定，根据实习实训教学大纲要求和专业特点而制定。

大学生实习实训成绩可按下列方法评定：实习实训总成绩=实习实训鉴定（占总成绩的40%）+实习实训手册或日志（占总成绩的20%）+实习实训总结报告（占总成绩的40%）。实习实训成绩采取优秀、良好、中等、及格、不及格五级计分制，其中成绩优秀的比例不应超过实习实训总人数的20%。因病因事未参加实习实训，或实习实训成绩不及格者，随下一年级重修。

大学生实习实训鉴定是指由实习实训单位对大学生参加实习实训的表现所开具的证明文件。实习实训鉴定应包括实习单位、实习时间、实习职位和工作表现等内容，需加盖单位公章。实习实训鉴定可作为今后大学生求职时用人单位的参考。

第三节 就业创业

大学生专业实践的能力和水平直接与他们未来所从事的职业挂钩，因此，大学生在校期间接受的就业创业教育也就成为高校专业实践育人的重要组成部分。

就业是民生之本，对整个社会生产和经济发展具有重要意义。就业使得劳动力与生产资料相结合，生产出社会所需要的物质财富和精神财富。劳动者通过就业取得报酬，从而获得生活来源，使社会劳动力能够不断再生产。劳动者的就业，一方面，有利于其实现自身的社会价值，丰富精神生活，提高人的境界，从而促进人的全面发展；另一方面有利于充分利用劳动力资源，促进经济发展和居民收入增加，维护社会稳定，创造良好社会环境，同时，也有利于保障劳动者的合法权益。目前，我国人口总量和劳动力总量均比较大、劳动力市场不健全、就业信息不畅通等现实问题导致了我国就业形势依然严峻。为切实解决就业问题，党和政府始终把就业放在经济社会发展的突出位置，通过大力发展经济、实施积极的就业政策、完善劳动力市场、健全社会保障体系等手段促进就业。高校也应加强就业指导和就业服务，提升大学生的就业能力，保证毕业生的就业率和就业质量。

在激烈的就业竞争环境下，创业也是大学生就业的一种方式。创业是创业者及创业搭档对他们拥有的资源或通过努力对能够拥有的资源进行优化整合，从而创造出更大经济或社会价值的一种就业方式。创业是一项庞大的工程，涉及资金、团队、营销等因素。大学生在创业前，一定要进行认真细致的准备，包括学习创业的基础知识，根据实际情况选择合适的创业项目，撰写详细的商业策划书，做好市场机会评估、赢利模式分析、开业危机应对等，摸清市场情况，知己知彼，打有准备之仗。

一、就业创业工作的目的任务

高校组织开展大学生就业创业工作的主要目的是：确保高校毕业生离校时初次就业率基本稳定，毕业生就业人数持续增加、就业结构更趋合理，到基层就业、自主创业的规模进一步扩大；确保有就业创业意愿的未就业高校毕业生都能参与到相关就业准备活动中，得到免费公共就业创业服务；相关领域制度改革和长效机制建设得到进一步巩固和深化；落实就业优先政策，完善高校毕业生就业支持体系，高校毕业生就业创业工作取得实效。

高校大学生就业创业工作要完成的任务有：

第一，做好就业促进工作。把推进新兴产业发展和产业升级作为新的就业增长点，大力拓展就业岗位。与相关行业和产业联合开展专项岗位对接活动，积极拓展科研项目吸纳毕业生就业的渠道，鼓励优秀高校毕业生参与国家和地方重大科研项目、农业科研推广项目。与服务外包企业对接，多渠道、多领域、多方式帮助高校毕业生就业。进一步清理制度性障碍，做好劳动保障和人事代理服务，加强档案管理，保障高校毕业生的合法权益。继续做好征集高校毕业生入伍服义务兵役工作，进一步完善相关政策，理顺工作体制，简化工作程序，并认真做好应征入伍服义务兵役毕业生的学费补偿和助学贷款代偿工作。特别关注女大学生就业问题，积极拓展适合女生的就业岗位，切实维护其就业权益，稳定女大学生就业率。

第二，做好创业引领工作。组织实施多层次、全方位、系统性的创业服务计划，启动大学生创业孵化基地建设，为大学生创业提供场地和资金支持。高校成立由主管校领导牵头，相关部门及有关院系参加的创业教育指导协调机构。积极探索在专业课教学中融入创业教育，就业指导课程也要把创新创业教育作为重要内容。充分利用第二课堂，通过举办创业讲座、创业大赛等活动，丰富大学生的创业知识和创业体验，培养大学生的创新精神和创业意识，提高大学生创业素质。

第三，做好基层项目的组织招录工作。按照统一征集岗位、统一发布公告、统一组织考试、统一服务管理的原则，统筹实施“选聘高校毕业生到村任职”“三支一扶”(支教、支农、支医和扶贫)、“大学生志愿服务西部计划”“农村义务教育阶段学校教师特设岗位计划”等基层项目。探索实施高校毕业生社区就业计划等新的基层就业项目，开发社区管理就业岗位和养老服务、社会工作等领域的就业岗位。落实好学费补偿代偿、升学优惠等政策，引导毕业生围绕城乡基层社区各类服务需求就业创业。

第四，做好就业服务与援助工作。首先，高校要强化就业教育，引导毕业生客观理性地认清当前就业形势，自觉转变就业观念，合理调整就业预期，树立正确的就业观和成才观；鼓励和引导高校毕业生把自身的发展与社会需要紧密结合，到中小企业、非公有制企业就业创业，到基层、到西部、到祖国最需要的地方建功立业。其次，高校要强化就业指导，建立完善的就业指导服务机构，开设就业指导必修课，提高高校毕业生求职就业能力。大力发展适合高校毕业生求职特点的互联网就业服务，加强对网络招聘市场的监管。开展公共就业服务进校园活动，为高校毕业生提供“三个一”服务：送一批就业岗位信息进校园；组织专家开展一次就业政策咨询和职业指导活动；提供一本就业手册。要以离校未就业高校毕业生为重点，建立“未就业高校毕业生信息库”，确立“一对一”的帮扶工作机制，通过举办高校毕业生就业服务周、就业服务月等专项活动，对需要就业信息服务的毕业生，提供符合其条件的就业信息；对希望提高职业技能的毕业生，提供参加职业技能培训的机会；对符合享受扶持政策的毕业生，帮助其落实有关扶持政策。

第五，做好就业见习和培训工作。高校要加强与当地政府、行业协会、企业等的联系与合作，共建以促进就业为目的的实践教学和实习实训基地。高职院校要积极推进“双证书”制度，与行业企业实施多种形式的“订单式”人才培养。加大生产性实训教学安排，确保大学生毕业前有一定时间的顶岗实习学习经历，并积极探索建立相关制度。对接一批资质较好的用人单位作为高校毕业生见习基地，大力开发见习岗位。进一步健全见习管理制度，提高见习质量，落实好见习毕业生的基本生活补助，鼓励见习单位积极招用见习毕业生。

二、就业创业工作的主要内容

（一）鼓励高校毕业生到基层就业

完善并落实毕业生到基层就业学费补偿、贷款代偿、考研加分等优惠政策，采取有效方式引导更多毕业生到中西部地区、东北地区、艰苦边远地区和基层、乡村振兴一线就业创业。组织实施“特岗计划”“三支一扶”“西部计划”等中央基层就业项目，配合有关部门设立“城乡社区专项计划”“村医专项计划”等相关项目，扩大实施地方基层就业项目。

做好大学生征兵工作。落实“两征两退”改革要求，配合兵役机关制定本校征兵工作方案，做好大学生特别是毕业生参军入伍工作。按照有关政策规定，落实退役普通高职（专科）士兵免试参加普通专升本招生、退役大学生士兵专项硕士研究生招生计划等优惠政策，研究制定细化方案和实施办法。密切军地协同，加强征兵工作站建设，办好征兵宣传教育进校园等活动，畅通入伍绿色通道，进一步推进以高校毕业生为重点的精准征集，提高毕业生入伍数量。

（二）完善市场化社会化就业促进机制

一是加强校园招聘市场建设。高校发挥校园招聘主渠道作用，加强校园招聘市场建设，建立完善就业资源开发机制，充分发挥专职就业工作队伍和党政干部、专业教师、校友等各方面积极性，千方百计拓展岗位信息来源。通过组团、联盟等方式开拓就业岗位，推动校内校外就业资源共享。

二是促进网络招聘市场建设。高校组织就业工作人员、毕业班辅导员和求职毕业生注册使用教育部“24365智慧就业平台”，加强线上服务联动。大力推进校园网络招聘市场建设，建设维护好本校用人单位需求库、毕业生求职意向库等，及时发布专业设置和生源信息。积极开展网络招聘服务，鼓励用人单位通过线上宣讲、远程面试、网上签约开展校园招聘，促进线上线下招聘相结合，提高招聘成功率。

三是鼓励中小企业更多吸纳高校毕业生。为中小企业进校招聘提供便利，加大对中小企业支持力度，推动企业和高校毕业生用足用好税费减免、创业担保贷款等支持政策，创造更多适合高校毕业生的就业岗位。

四是支持引导灵活就业。高校积极挖掘新产业、新业态、新模式中的就业机会，引导毕业生在数字经济、平台经济等领域灵活就业。配合有关部门完善灵活就业社会保障政策，切实维护高校毕业生劳动保障权益。组织开发一些面向市场的培训项目，开展新兴产业、先进制造业、现代服务业等领域新职业技能培训，增强毕业生就业能力和竞争力。

（三）支持鼓励大学生自主创业

促进创新创业带动就业。首先，加强创新创业服务平台建设，大学科技园、创业园、创客空间等要向高校毕业生提供场地优惠和专业化孵化服务，指导创业团队争取各类创业优惠政策，促进创新创业项目落地发展。其次，建立完善大学生创新创业信息服务平台，提供创新创业相关政策发布、解读、项目对接等服务。最后，组织双创导师深入校园进行政策解读、经验分享和实践指导，支持大学生返乡创业、到城乡基层创业就业。

（四）抓好就业创业指导服务

一是建立健全就业创业育人支持体系。多种形式开展就业创业主题教育系列活动，打造一批大学生就业创业教育基地，引导大学生合理调整就业期望、找准职业定位，积极主动就业。加强重点领域就业引导，鼓励毕业生积极投身重点地区、重大工程、重大项目、国际组织等领域就业创业。建立就业创业指导优质师资库，打造一批就业指导“名师金课”。加强职业生涯教育和就业创业指导，组织大学生职业生涯规划竞赛等活动。

二是强化就业实习实践。将实习实践作为促进就业的重要举措，纳入人才培养方案，深化校企校地合作，开发更多实习实践岗位，推动更多毕业生通过实习实践实现就业。与地方政府和用人单位共同打造一批大学生就业实习实践基地。

三是加强就业权益保护。配合有关部门积极营造平等就业环境，努力消除就业歧视。在各类校园招聘活动中，不得设置违反国家规定的有关歧视性条款；加强诚信和安全教育，引导毕业生诚信求职，树立遵纪守法意识，防范招聘欺诈、“培训贷”陷阱等；积极配合有关部门推进毕业生就业体检结果互认。

（五）开展重点群体就业帮扶

完善就业帮扶机制。建立就业困难毕业生群体帮扶工作台账，对低收入家庭、身体残疾等毕业生重点群体，按照“一人一档”和“一人一策”开展重点帮扶。

（六）完善就业统计

加强就业统计核查。完善毕业生就业进展报送机制，及时汇总、通报就业进展情况。严格执行就业工作“四不准”规定，确保就业统计数据真实准确。

健全就业质量报告制度。高校毕业生就业质量年度报告要准确、客观、全面地反映本校毕业生就业状况、就业工作进展、就业与招生和人才培养的反馈联动等情况。

（七）推动就业与招生培养联动改革

优化学科专业设置，重点布局社会需求强、就业前景广、人才缺口大的学科专业，对就业率过低、不适应市场需求的学科专业及时调整。发挥就业大数据对高校招生计划安排、人才培养方案调整的作用，不断提高人才培养和社会需求的契合度。

实施供需对接就业育人项目。以实施就业育人项目为抓手，深化产教融合、校企合作，培养更多实用型、复合型和紧缺型人才。

三、就业创业工作的路径创新

近年来，高校毕业生人数屡创新高。尤其是2020年以来，受新冠肺炎疫情影响，高校毕业生就业形势更加复杂严峻。在疫情防控常态化形势下，做好高校毕业生就业创业工作，必须按照党中央统一部署，坚定信心、直面挑战、精准施策，全力以赴促进高校毕业生就业创业。

（一）精准对接国家就业优先政策

为统筹推进疫情防控和经济社会发展，在党中央坚强领导下，各级党委和政府及时采取有序推动企业复工复产、加大减负稳岗力度、提升投资和产业带动就业能力、优化自主创业环境、支持多渠道灵活就业等政策举措，大力推动生产生活秩序加快恢复，就业形势逐步趋稳。高校在这种情况下做好毕业生就业工作，就要紧盯就业态势“风向标”，紧跟政策“指挥棒”，精准对接国家就业优先政策。一方面，深入挖掘互联网、大数据、人工智能和实体经济深度融合创造的就业机会，用好中小微企业吸纳毕业生就业等优惠政策，支持毕业生以新就业形态、灵活多样的方式实现多元化就业。另一方面，贯彻落实基层就业相关优惠政策，推广并落实好“特岗计划”“大学生村官”等项目，引导毕业生到基层、到乡村振兴的一线去就业创业。

（二）精准提供就业指导服务

近年来，受新冠肺炎疫情影响，一些用人单位的招聘时间有所推迟、方式有所改变，这难免会使一些高校毕业生出现纠结、焦虑的情绪。要妥善解决这些问题，高校就要为毕业生提供精准就业指导服务，既做好“强信心”的思想政治工作，又做好“暖人心”的就业服务工作，把党和国家对就业工作的高度重视、对毕业生的关心关爱传递给每一位高校毕业生，教育引导高校毕业生充分认识到我国经济长期向好的基本面没有改变。当前全国疫情防控进入常态化，我国经济具有强大韧性，我们具有化危为机、稳就业、保就业的底气和信心。同时，高校要采取“一人一策”，加强个性化就业指导，开通就业心理咨询和就业帮扶热线，疏导高校毕业生就业焦虑情绪和压力。建设“互联网+就业”智慧平台，联合社会各方面力量，多渠道开展网上校园招聘活动。运用大数据等技术手段，在重点区域、重大工程、重大项目、重要领域中加强人才供需对接，为高校毕业生精准推送政策、岗位和求职技能指导，引导他们合理调整就业预期、找准职业定位。

（三）精准帮扶贫困毕业生就业

一些高校毕业生来自贫困地区以及建档立卡贫困家庭和零就业家庭，做好这部分毕业生的就业指导工作，需要为他们提供针对性强且多样化、精准化的就业帮扶。例如，对建档立卡贫困家庭毕业生提供一对一帮扶，建立健全贫困家庭高校毕业生就业信息台账，精确掌握这部分毕业生基本信息及就业创业意向，在同等条件下优先推荐他们就业。通过分类帮扶、精准发力，不断拓宽就业渠道，把疫情对贫困家庭毕业生就业的影响降到最低。

（四）精准扶持创业项目

围绕创新创业人才培养需求，遵循创新创业人才成长规律，深入推进创新创业教育改革，完善创新创业教育课程体系，促进创新创业教育与专业教育的深度融合，培养大学生的创新意识、创业精神和创新创业能力。

构建“创新创业教育通识必修课程+创新创业教育专业课程+创新创业教育通识选修课程+创新创业教育实践课程”的大学生创新创业教育课程体系。创新创业教育专业课程是在专业课程中融入创新创业教育理念、原则、方法和精神指向，并把教师的科研成果、学科竞赛和创新创业训练项目等内容转化为教学内容，以培养大学生应用知识和创造性解决实际专业问题的能力；创新创业教育通识选修课程重在培养大学生创新创业所需的决策、计划、组织、领导、创新等通用能力；创新创业教育实践课程以各级大学生创新创业训练项目、学科竞赛和创新创业为主，对大学生创新创业进行实战演练。

搭建多元化的创新创业教育实践平台，所有实验室、实习实训场所等资源全天候免费向师生开放。建设校园创客空间，充分利用地方资源合作共建专业实践平台和综合性创新创业实践平台。建立以学校为主导，以学生为主体，企业、金融机构、风险投资机构和创业导师等多方参与的大学生创新创业俱乐部。

系统开展创新创业实践实训活动。组织、引导、鼓励大学生参加各级各类学科竞赛与专业技能竞赛活动，深入实施大学生创新创业训练计划。有计划地举办创新创业讲座、论坛、沙龙及训练营等活动。遴选发掘有潜力的创业项目，吸引社会各界尤其是风险投资、企业界和地方创业园区的广泛关注，进行重点孵化。加大创新创业扶持力度。通过学校投入、社会捐助等渠道筹措资金，支持大学生创新创业实践活动。

（五）切实加强组织领导

落实就业“一把手”工程，把高校毕业生就业摆在重要位置，列入领导班子重要议事日程，建立健全主要负责同志亲自部署，分管领导靠前指挥，院系领导落实责任，各部门协同推进、全员参与的工作机制，并纳入领导班子考核指标。严格落实常态化疫情防控要求，统筹做好疫情防控和就业工作，既要有效防范疫情风险，也要确保各项促就业工作有序推进。

首先，配齐建强就业工作队伍。高校要积极创造条件，认真落实就业机构、人员、场地、经费“四到位”要求，明确相关标准和指标，配齐配强校院两级专职就业工作人员，加强就业工作队伍职业化、专业化建设，定期开展业务培训交流。

其次，加强就业工作督促检查。完善就业工作督查、通报、约谈、问责机制，确保就业工作落实到位。

最后，做好就业总结宣传工作。广泛开展就业宣传系列活动，深入宣传国家就业创业政策、各地各高校和用人单位促就业的好经验、好做法，营造全社会支持毕业生就业的良好舆论氛围。

四、就业创业工作的考核评价

大学生就业创业工作的考核项目包括组织领导、就业创业指导、就业管理、就业市场和就业创业质量等方面，重点核实毕业生的协议就业率、升学出国率和自主创业率。

大学生就业创业工作考核以年度为单位，时间跨度一般为当年9月至次年8月，也可视实际情况调整。考核采取查阅网上适时发布的就业创业信息、人才培养方案、会议记录及工作日志，以及调查、座谈、访谈等方式进行。

大学生就业创业工作考核一般分三个阶段进行：

第一阶段，学校各二级学院自评。各二级学院按照大学生就业创业工作考核项目，逐项进行自评，撰写自评报告，详述就业创业工作现状、工作成效、主要经验、存在的问题及整改措施等。

第二阶段，学校考评。学校组织大学生就业创业工作考核专家组，听取汇报，现场抽查，形成考核意见，提交学校大学生就业创业工作考评小组审核。

第三阶段，公布结果与表彰。考核结果经校长办公会审定后予以公示，学校发文公布考核结果，对表现优秀的集体和个人予以表彰和奖励。

第四章
新时代高校社会实践活动的路径创新

高校实践育人除开展以大学生所学专业和课程为依托的课程实践、实习实训、就业创业等活动外，丰富多彩的社会实践活动也是高校实践育人体系中不可或缺的重要组成部分。高校专业实践活动和社会实践活动不可避免地会有一定程度的重合，因为专业实践活动只要走出校园、走进社会，便进入了社会实践活动的范畴，而社会实践活动一旦体现了专业性就回归了专业实践活动的领域，因此二者有交叉之处在所难免。本章在上一章探讨专业实践活动的基础之上，为避免无效重复，选择了既避免专业特殊性、各专业都能普遍开展又具有典型意义的大学生理论宣传宣讲、社会调研、志愿服务、红色教育、挂职锻炼等大学生社会实践的主要形式，分析蕴藏在这些活动中的实践育人功能和创新路径。

社会实践的概念有广义和狭义之分。广义的社会实践指的是人类认识世界、改造世界的各种活动的总和，而狭义的社会实践则是指大学生在校外参与的与社会接轨的各种实践活动。对于在校大学生而言，社会实践具有走进社会、了解社会、提升本领、增强就业竞争力等方面意义；对于高校而言，社会实践则是高校实践育人的重要组成部分，是专业实践的重要补充。

理论联系实际是党的优良传统和作风，教育与生产劳动和社会实践相结合是党的教育方针的重要内容。大学生参加社会实践，了解社会、认识国情，增长才干、奉献社会，锻炼毅力、培养品格，对于加深对党的路线方针政策的认识，坚定在中国共产党领导下走中国特色社会主义道路，实现中华民族伟大复兴的共同理想和信念，增强历史使命感和社会责任感具有不可替代的作用，对于培养中国特色社会主义事业的合格建设者和可靠接班人具有极其重要的意义。

第一节 宣传宣讲

大学生理论宣传宣讲活动，是高校组织大学生将自身所学的党的理论和路线方针政策向人民群众宣传普及的一种实践育人方式。高校通过组建大学生理论宣讲服务团，以理论输出的形式，引导大学生走出校园，深入基层，了解国情，让大学生在实践中受教育、长才干、做贡献。

一、宣传宣讲活动的目的意义

大学生理论宣讲的主体是大学生，宣讲对象是基层人民群众，宣讲内容是党和政府的路线方针政策以及工作成绩，宣讲的目的是让人民群众了解国情，了解经济社会的发展现状和未来形势，在此基础上将个人发展与国家社会的发展有机结合，把握机会，共享发展成果，同时对党和政府的工作产生认同感，从而为公共权力的合法性提供支撑。因此，从这个意义上讲，大学生理论宣传宣讲活动具有凝聚社会共识、汇聚人民群众万众一心的磅礴之力的社会意义。

而从大学生的角度来说，大学生参加理论宣传宣讲实践活动，既是一个向外传送的过程，也是一个自身内化的过程。大学生理论宣讲团向基层群众开展理论宣讲，一方面要讲好理论，确保宣讲效果，通过讲理论、讲案例、讲典型，引导群众了解先进思想，理解政策主张，自觉与党中央保持一致；另一方面，为了更深入、更有效地引领思想，宣讲团的大学生必须要“先学一步”，在确保宣讲效果的目标感召下，不断提升大学生理论学习的自觉性、主动性、积极性，时刻站稳政治脚跟，树立远大理想，把个人理想与民族复兴相联系，把自身前途与国家命运相连结，在潜移默化中对中国特色社会主义的道路、理论、制度、文化更为信服，对党的思想意识、政策主张更为认可，达到内化于心、外化于行的教育效果。从这个意义上讲，大学生理论宣传宣讲活动具有激发大学生政治理论学习的内生动力，引导大学生在实践中成为立大志、明大德、成大才、担大任的时代新人的社会意义。

二、宣传宣讲活动的主要形式

大学生理论宣传宣讲活动形式多样，既有线下宣讲又有线上宣讲，既有口头宣讲又有图文宣讲，既有课堂宣讲又有活动宣讲。

（一）线下宣讲

线下宣讲是大学生理论宣传宣讲活动最主要的形式。高校通过选调并培训精干力量组建大学生理论宣讲团，深入田间地头、工厂车间、校园课堂、社区广场，以灵活多样的形式将党的路线方针政策传播到寻常百姓家，以此提升大学生的理论水平和实践能力。

按照宣讲的不同内容，大学生线下宣讲可分为以下几类：重要理论宣讲（宣讲习近平新时代中国特色社会主义思想、党中央重要决策或文件精神等内容）、重要会议精神宣讲（宣讲党的十九大和十九届历次全会精神、全国教育大学精神等内容）、专题宣讲（宣讲中国梦、社会主义核心价值观、脱贫攻坚、乡村振兴、建党百年等内容）、便民宣讲（宣讲垃圾分类、消防安全、法律咨询、推广普通话等内容）。

（二）线上宣讲

线上宣讲是大学生通过网络新媒体平台或录制主题宣讲微视频等形式开展网络直播或展播的一种宣传宣讲活动形式。线上宣讲打破了时间和空间的限制，节约了宣讲成本，是线下宣讲的有益补充，尤其在疫情防控常态化的形势下，线上宣讲被广泛应用到大学生社会实践活动中。

（三）图文展示与讲解

大学生宣传宣讲活动除了“讲”之外，还包括各种灵活多样的宣传活动，如图片展、作品展、文化墙、宣传横幅、宣传海报等图文展示活动就是其中的典型代表。这种图文展示活动面向广大人民群众，再辅之以大学生的讲解，便可用老百姓喜闻乐见的形式推进党的指导思想的大众化。在图文展示与讲解中，大学生要善于抓住这些思想理论与人民生活息息相关的关键点，做好价值对接，并用图片、绘画等艺术形式加以呈现，寻求人民群众的认同与共鸣，彰显理论的通俗性与普及度，进而培养人民群众对党和国家的高度认同和深厚感情。

（四）文化下乡走基层

文化下乡走基层是通过文艺演出、书法、绘画、电影展播等文化艺术形式，将党的路线方针政策传播到乡村、基层，用艺术的感染力和影响力推动宣传宣讲活动进一步入脑入心、走深走实。文化下乡走基层活动在丰富了农村、基层文化生活的同时，也为大学生提供了一个展现自己才华的舞台，是弘扬中华优秀传统文化、彰显时代新风、坚定“四个自信”的重要举措。这样的宣传宣讲形式不仅将精彩纷呈的文艺活动送到了人民群众家门口，把党的路线方针政策传播到千家万户，而且在人民群众中营造出唱响主旋律、凝聚正能量的良好氛围，激发起人民群众的爱党爱国情怀，为实现中华民族伟大复兴集聚力量。

三、宣传宣讲活动的路径创新

党的指导思想和路线方针政策思想深邃，内涵丰富，如果照本宣科、原封不动地对人民群众进行理论灌输，不仅不会产生良好的认同效果，反而会让人民群众产生距离感。新时代高校大学生理论宣传宣讲活动，要让有意义的理论变得有意思，让有高度的宣讲变得有温度，用理论武装点亮大学生的信仰之光，召唤人民群众的磅礴之力。

（一）精选队伍，让有信仰的人讲信仰

大学生理论宣讲团要按照“政治立场坚定、道德品质优良、语言表达流畅、形象得体大方、工作勤奋团结”的要求，遴选和组建团队，让他们既有保证宣讲思想性和理论性的源头活水，也有提升宣讲亲和力和针对性的十足动力。高校要组织宣讲团利用课余时间反复训练，以老带新，不断总结宣讲经验，理论与实践互促，思想与情感共进，承担好传播知识、传播思想、传播真理的时代重任。同时，鼓励更多大学生去学习理论、传播理论、践行理论。

高校要重视大学生理论宣讲团的团队组建工作，在培养固定团员的同时，还要注重选拔相近生源地成员组成返乡宣讲团，并配备相关专业的指导教师。加强对宣讲团的前期指导，结合宣讲地的实际情况制定有针对性的宣讲方案；加强安全教育，做好前期调研和宣讲准备工作，保障大学生的人身和财产安全，特别是要关注极端气候变化和服务地区的自然条件，做好自然灾害和突发事件的应急预案。完善制度规范，突出过程管理，开展必要的工作作风和服务技能培训，引导大学生在宣传宣讲过程中严格做到“帮忙不添乱、增彩不增负”。同时，厉行勤俭节约，切实保障宣讲实践经费的合理使用。

（二）精练主题，紧扣时政热点

大学生理论宣传宣讲活动的主题，要与当下的时政热点紧密结合，通过定期、适时的国内外形势和党的路线方针政策教育，引导人民群众运用马克思主义，科学

理性地分析和研判国内和国际局势，尤其是对一定时期内国内外的重大事件、社会热点难点问题做出理性分析和判断，引导人民群众正确理解党的现行政策，拥护党的基本路线，增强社会责任感和使命感。

大学生理论宣传宣讲设置的每一个主题，都应站在世界百年未有之大变局和中华民族伟大复兴的战略全局，以联系的、辩证的、发展的眼光，把道理讲明白、讲清楚。寓价值于知识中，寓历史于时代中，寓理论于实践中，让理论能够落细、落实、落小，让政策变得生动鲜活。

（三）精心打磨，让有意义的理论变得有意思

大学生理论宣讲是一个精细化工程，只有宣讲团成员集思广益，一起搜集资料、设计大纲、选择案例、制作课件、创作讲稿、反复修改、相互点评、不断演练，才有可能呈现出良好的宣讲效果。宣讲活动切忌粗枝大叶、粗制滥造。

宣传宣讲活动中每一张图片的选择、颜色的敲定，每一个知识点的讲解、案例的选取，都要围绕人民群众的兴趣点和认可度，都要转换成人民群众听得懂、听得进的语言，用小切口反映大主题，用小故事阐释大道理，对硬内容进行软表达。要讲述老百姓的身边人、身边事，用“精简短”的趣味宣讲，代替“高大上”的空洞说理，做到既有“高度”，又有“温度”，更有“力度”；既“增信心”，又“暖人心”，还能牢记“使命初心”。

（四）精巧设计，选用适合大学生的宣讲方法

大学生理论宣传宣讲是“传声筒”。要让党的声音传得更响亮、讲得更精彩、听得更舒畅，就要在宣传手段和方法上不断推陈出新。例如，在恰当的时候播放大学生自己拍摄制作的短视频，往往能吸引观众的目光和注意力；引领观众提问互动、激烈讨论，往往会将理论宣讲氛围推向高潮；反面案例的曝光呈现，往往会使观众印象深刻；等等。高校要充分发挥宣讲团大学生的聪明才智，选用大学生喜爱并擅长的宣讲方式，让有声有色、有滋有味、有血有肉、有情有义的理论宣传宣讲活动能够留住大学生，调动大学生的积极性，进而吸引大学生的广泛参与。

（五）精心总结，提升社会影响力

高校要将大学生理论宣传宣讲活动放在实践育人的高度进行整体设计和科学规划，强调理论宣传宣讲活动的项目化运作和包装，注重品牌推广。各高校大学生理论宣传宣讲团队和宣讲团成员要充分利用各类新媒体平台，加强对活动的宣传展

示，增强活动实效性。注重提升大学生理论宣传宣讲活动的品牌形象和社会影响力，努力出成果、见实效、树典型，把党的理论和路线方针政策学习贯彻好、宣传普及好、实践运用好。

四、宣传宣讲活动的考核评价

要建立宣传宣讲活动的反馈机制，每场宣传宣讲活动结束后，要通过问卷调查、座谈访问等方式，对宣传宣讲活动的组织情况和每位宣讲员的宣讲效果进行打分评价，收集人民群众的反馈意见和建议，进一步推动宣传宣讲活动的有效开展。

高校要根据每位大学生宣讲员的宣讲时长、宣讲效果、宣讲反馈等综合表现进行考核评价，凡考核合格者，均将宣讲时长计入个人志愿服务时长，并认定创新学分或第二课堂实践学分；在宣传宣讲活动中表现突出、考核优秀者，应给予专项表彰奖励，授予“大学生理论宣讲优秀宣讲员”荣誉称号。

第二节　社会调研

调研是“调查”和“研究”的简称。大学生社会调研是指高校组织和指导大学生利用课余时间深入社会、深入群众、深入基层，了解收集有关研究领域的第一手资料，加以分析和研究并形成研究成果的一种实践育人方式。马克思主义十分重视社会调查研究，把它看作研究社会问题的基本方法。大学生社会调研从现实的社会问题出发，有目的、有计划地深入社会实践中，具体了解人民群众的生产经验和生活状况，获取第一手材料，为科学研究奠定基础。

一、社会调研的目的意义

高校组织大学生开展社会调研的目的：第一，让大学生深入社会，与人民群众打成一片，了解社会现实，引发思考，形成问题意识；第二，分析并解释社会现象，探索问题的本质，寻求解决办法，提出科学预测或对策方案；第三，在实践中检验政策、计划和理论的正确性与满意度，提出行之有效的改进意见或建议，用于指导社会实践。

大学生社会调研让大学生根据自己的知识结构、认知程度和兴趣程度，或带着自己关心的问题走进社会，参与到社会生产和人民生活中去实践体验、引发思考、寻找答案。这对提升大学生的社会责任感、政策理解力、实践本领和创新精神，均具有重要意义。

首先，社会调研有助于大学生深入了解社情民意。大学生社会调研让大学生从书本和课堂中走出来，深入到社会的大环境之中进行亲身体验和感知，了解当前的国情和社会发展状况，了解社情民意，了解现实问题，并获取第一手资料。这种实践育人方式加速了大学生的社会化进程，有利于激发大学生的爱国热情和社会责任感，自觉投身到党和国家建设的各项建设事业中。

其次，社会调研有助于大学生正确理解政策和执行政策。大学生由于长期生活在校园中，对社会了解不多，思考问题相对简单，不能对社会现象和社会问题进行深入了解和理智分析，容易因为一些社会问题对党的路线方针政策产生误解，甚至做出错误的判断和选择。通过社会调研的方式，大学生能够真正了解群众的诉求和疾苦，了解党各项政策的良苦用心，了解党带领人民群众创造幸福生活的艰辛历程，进而对党的理论和路线方针政策产生深刻的认同感。

再次，社会调研有助于大学生锻炼实践能力。在大学阶段的学生，世界观、人生观和价值观尚未完全成熟，面对复杂的社会问题，常常无从下手，不善于甚至不会动手解决问题。大学生社会调研要求大学生深入社会内部，独立思考问题、分析问题并解决问题，在实践中锻炼大学生的坚强意志，增强大学生的实践本领，促进大学生动手能力的提升。

最后，社会调研有助于大学生提升创新精神。科学研究本身就是一项创新性的实践活动，在社会调研的过程中，大学生将课堂所学的理论知识运用到解决现实问题之中，对大学生创新精神的培养具有重要意义。只有深入社会进行调查研究，大学生从中产生的创新思维才会不断涌现，进而运用创新思维形成研究成果，用于指导实践，实现“从实践到认识，再从认识到实践”的不断飞跃。

二、社会调研的类型与步骤

大学生社会调研按照调研目的划分，可分为描述型调研（回答社会事实是什么样的问题）和解释型调研（回答社会事实为什么是这样的问题）；按照调研的方式划分，可分为横剖型调研（同一时段的横向比较研究）与纵贯型调研（不同时段的纵向比较研究）；按照调研的性质划分，可分为定性调研（确定事物本质属性的研究）和定量调研（运用数学方法考察事物之间相互联系和相互作用的研究）；按照调研对象的范围划分，可分为宏观调研（对某一国家、地区或某一行业的大范围调研）和微观调研（对某一特定的单位或小群体的专项调研）。不同类型的社会调研在方式、方法和适用范围上各具特点。一般而言，社会调研都会借助几种类型的融合来实现调研目的。

与其他实践活动不同的是，大学生社会调研有明确的步骤要求。无论哪一种类型的大学生社会调研，都必须遵循社会调研的基本步骤和要求。

（一）确定调研题目

社会调研，选题是关键。大学生应根据当前国家经济形势和相关的方针政策以及自己的兴趣和学识，结合社会调研的要素特征，选定一个值得研究的问题，如乡村振兴、留守儿童教育等。宜小题大做，不宜做大而空的选题。选题初步拟定后，要对题目做一个可行性分析，查阅国内外与这个选题相关的文献资料，征询相关专家、教师的意见，确定该题目有意义且能够完成。

（二）制订调研计划

紧扣选定的主题，在深入分析现有文献资料和研究成果的基础上，建立问题链，提出大问题下不同层次的小问题，并依据每一个小问题，确定需要调研的具体内容。调研开始前要制定清晰明确的调研步骤，以及每一步工作的时间表。

（三）设计调查问卷

调查问卷的质量往往是社会调研能否取得成功的关键因素。大学生在设计调查问卷之前，要明确调查的目的和内容、调查的范围和人群，以及调查问题的合理化、规范化和逻辑化。调查问卷的语言表述要得当，同时要考虑数据汇总和分析是否易于操作。在正式发放调查问卷之前，可以先测试调查，小范围验证调查问卷是否科学有效、易于回收。

（四）发放并回收问卷

选择适于该项调查、能够配合调查，并能够提供有效问卷的调查对象，最好通过电话、邮件、面谈等方式提前联系好调查对象，再选用恰当、便捷的方式将问卷分发给调查对象。除问卷调查外，采用集体座谈、个别访问、实地观察或查阅相关调查数据等方式，对问卷调查的内容进行适当扩展和补充。

在大学生社会调研的过程中，问卷调查、典型调查、个案调查、抽样调查、座谈调查、走访调查、文献调查往往是交叉使用的，并不拘泥于哪种形式，关键是从完成好调研任务的角度出发，掌握所需要的真实情况，为进一步分析和研究问题提供可靠依据。

（五）数据统计与分析

问卷回收后，先要去除空白问卷和无效问卷，统计有效问卷的份数，以及调查对象对问卷中每一个问题的答案。用SPSS、Excel等常用统计软件对问卷数据进行汇总，并逐一做出分析。

（六）撰写调研报告

数据分析完毕后，结合前期的文献查阅和理论研究，将理论与现实结合起来撰写调研报告。调研报告重在反映问题，揭露矛盾，阐释规律，挖掘本质并提出解决问题的办法，为各级政府和相关部门提供决策依据和资政参考。

三、社会调研的路径创新

社会调研是对大学生理论知识、实践能力和创新精神的系统考察，大学生要做好社会调研，离不开高校的精心组织、系统培训和全程指导。高校要加强对大学生社会调研的选题、方法、过程的管理和指导，开设社会调研的相关课程或讲座，帮助大学生正确认识社会现象，掌握科学研究方法，提高分析问题和解决问题的能力，提出切实有效的意见和建议，撰写出高质量的社会调研报告。

（一）推荐阅读书目，打牢理论基石

大学生社会调研的第一步是国内外学术史的梳理，也就是对海量文献资料进行搜集和整理，不仅要阅读文献，而且要善于发现问题。所以，博览群书是大学生提高社会调研水平的重要途径。高校要为大学生提供社会调研所应掌握的马克思主义理论、社会学、心理学、统计学等相关学科的推荐阅读书目。对不同层次、不同专业的大学生进行分类指导，分别提出精读与泛读的要求，并定期召开读书报告会、分享会。要求所有参加社会调研的大学生经常浏览选题相关的重要学术期刊，时刻了解国内外本选题相关的学术动态，重视同行的成果。指导大学生熟练使用高校图书资源，进而熟练使用数字图书馆馆藏电子资源和免费互联网的学术资源。良好的资料搜集与整理能力，是大学生做好社会调研的基本功。

（二）培养问题意识，关注社会现实

问题意识是大学生思维的动力，是创新精神的基石。培养大学生的创新精神，应始于问题意识。然而，问题意识不是天生的，也不会自己跳出来，它需要被培养和激发，需要大学生自己去发现和寻找。问题意识来自学术界的相互讨论之中，即从学术谱系本身去寻找那些尚未解决的问题。学术研究发展到今天，未开垦的处女地已然不多，因此，今天的学术研究就是要在前人研究成果的基础上，把问题的探讨引向深入，也只有这样才能发现问题，进而提出问题来进行研究。所以，大量阅读学术文献，是产生问题意识的第一个重要的方法。而更重要的方法，是来自大学生对现实的关照，也就是对我国正在进行着的中国特色社会主义各项事业的密切关注。大学生社会调研的选题，其实就是问题，首先要有问题，然后深入社会去调查研究，再分析问题，最终找到解决问题的办法。真正的学术思考一定是有实践土壤的，如果没有实践土壤，就会显得不痛不痒、枯燥乏味。当大学生真正理解他所从事的社会调研的理论意义和现实意义时，就会带着强大的动力和浓厚的兴趣去做这件事情，并努力去做好。

（三）组建调研团队，开展学习交流

大学生社会调研工作复杂烦琐，往往不是靠一个人单枪匹马来完成的，它需要相关专业的指导教师和一个团结协作、相互配合的实践团队。指导教师及其指导下的大学生社会调研团队是一个学习型组织，要经常进行座谈式、头脑风暴式的学习交流，这对促进学术研究极其有利。这种非正式的研讨会形式可以灵活多样，无须烦琐的组织和准备工作。实践团队成员间的反复研讨，对大学生确定调研选题、制订调研规划、拓宽调研思路、提升调研水平都有很大的帮助。

（四）加强写作训练，信守学术规范

撰写社会调研报告（论文）是一项综合训练，这其中包含文献积累、理论修养、逻辑分析、文字能力等方面的内容。对大学生社会调研而言，高校有针对性地进行以下几个方面的社会调研报告（论文）的写作指导至关重要：一是高校要注重培养大学生“小题大做”的习惯。选择一个看似不起眼的问题，做“窄而深”的研究，唯有这样，才能深入挖掘，旁征博引，把问题谈深谈透。如果选题太大，又受到篇幅限制，那就容易导致泛泛而论，流于空疏。二是高校要注重培养大学生资料整理和数据分析的能力。严谨扎实的社会调研，必须建立在可靠、翔实的材

料基础之上。材料不足，便无法深入研究。但写社会调研报告（论文）也不是做资料汇编，不能仅仅满足于搜集、罗列材料，即使材料是确凿可靠的，如果缺乏对其梳理、辨析和运用，就仍然是一盘散沙。三是高校要注重培养大学生学术话语体系。每个学术领域，都有自己的话语系统。准确恰当地使用该学科的专业概念、术语，是一件非常重要的事。对任何词语的使用，都应该进行反复推敲，注意它们在褒贬、情感、分寸等方面的细微差别。努力把文章写得精彩漂亮、质朴流畅、清新可读。四是高校要注重培养大学生的学术规范。学术规范是学界科研管理经验的总结，旨在尊重规律，激励创新。对学术规范的掌握程度，是衡量一个大学生是否接受过良好学术训练的重要标准。大学生在社会调研过程中必须尊重事实，尊重真理，严禁剽窃，严禁弄虚作假。要尊重他人的成果，凡引用他人的观点、资料、数据等，无论曾否发表，无论是纸质或电子版，均应详加注释。

四、社会调研的考核评价

大学生社会调研活动结束以后，高校要及时做好总结工作，交流经验，表彰先进，扩大活动的影响力。一是全面收集和整理大学生的实践材料，包括每一位参加社会调研的大学生的实践总结报告、图片、新闻报道、接收单位证明或鉴定等，作为大学生创新学分、第二课堂实践学分、志愿服务时长等的认定依据。二是组织社会调研优秀团队、优秀指导教师、学生积极分子、优秀调研报告（论文）的评比工作，评选表彰一批主题鲜明、准备充分、内容丰富，取得显著调研成果的大学生社会调研优秀实践队伍；评选表彰一批亲自参与并全程指导大学生社会调研活动，深入大学生实践地具体开展各项指导工作，指导大学生社会调研团队取得较好实践成效的优秀指导教师；评选表彰一批全程参与社会调研，在活动中表现积极，为当地经济社会发展等各项建设做出较大贡献，调研结束后认真总结，撰写出具有较高理论水平实践报告的大学生积极分子；评选表彰一批具有较高的思想性、理论性和现实意义的优秀调研报告（论文），并将优秀论文（调研报告）集结成册，推荐发表。

第三节 志愿服务

受教育、长才干、做贡献，概括了高校实践育人丰富而立体的教育效果。其中，“受教育”“长才干”是高校实践育人的本体功能，而“做贡献”这个维度，则指出了大学生通过社会实践可以激发并释放出难以估量的社会影响力和创造力。志愿服务就是大学生为社会做贡献的实践育人重要平台。

志愿服务是现代社会文明程度的重要标志。近年来，在党和政府以及社会各界的共同努力下，我国的志愿者队伍不断扩大，志愿服务精神越来越深入人心，志愿服务事业迅速发展。志愿者的辛勤劳动、无私奉献，既是对“雷锋精神”在新时代背景下的传承和发展，也是对社会主义核心价值观的践行和弘扬。高校大学生志愿服务工作是大学生深入社会、了解社会、服务社会的重要途径，也是激发社会组织活力、促进社会和谐稳定的重要抓手。共青团中央于1993年正式发起中国青年志愿者行动，该行动适应了时代发展的要求，有助于建立和谐融洽的人际关系，也适应了当代大学生自我发展的需求，调动了大学生的内在积极性。在“奉献、友爱、互助、进步”的志愿服务精神的感召下，大学生志愿者为社会播撒爱心，赢得了社会的广泛认同和好评，同时大学生也在服务他人、服务社会的过程中不断磨砺和提升自己的综合素质。

一、志愿服务的目的意义

志愿服务是人类文明的重要标志，是精神文明建设的重要内容。大学生志愿服务作为高校实践育人体系中的重要平台之一，在实现立德树人根本任务的过程中发挥着知识提升、能力培养和价值塑造等方面的重要作用。教育部等部门在《关于进一步加强高校实践育人工作的若干意见》中明确提出，要把志愿服务、公益活动等社会实践纳入实践育人的体系之中，作为实践育人的有效载体。

对社会而言，大学生志愿服务不仅是激发社会活力、创新社会治理、维护社会稳定、促进社会和谐的有效手段，也是培育大学生自觉践行社会主义核心价值观、传递社会关爱、提升社会文明程度的重要方式。新时代在建设社会主义现代化强国的征程中，需要大学生发挥主力军和传承人的作用。大学生通过志愿服务活动来服务社会，传递爱心，传播文明，解决各种社会发展不充分不平衡导致的矛盾，加强人与人之间的交往和关怀，降低彼此之间的疏远感，促进社会和谐，对推动社会全面发展进步、实现共同的发展目标意义重大。

对志愿者个人而言，志愿服务在奉献社会的同时也在“反哺”大学生。赠人玫瑰，手有余香。志愿服务活动能使大学生更加了解社会，更有大爱情怀，在服务中全面提升自己在理想信念、思想作风、知识能力等方面的综合素质。大学生志愿者利用假期和课外时间，参与一定形式的志愿服务活动，既能够扩大社会交往，增长见识和本领，能够亲身体验社会生活中的人和事，加深对社会的理解和认识，更重要的是可以在活动中培养和提升自己的组织能力、领导能力、实践能力，实现奉献社会和提升自己的“双赢”。

二、志愿服务的主要内容

志愿服务的内容广泛，形式多样。一般而言，高校组织开展的大学生志愿服务活动主要围绕乡村振兴、环境保护、文明实践、关爱少年儿童、为老服务、阳光助残、卫生健康、应急救援与疫情防控、社区治理与邻里守望、节水护水、文化传播与旅游服务、法律服务、禁毒教育等内容展开。

（一）乡村振兴志愿服务行动

中共中央《关于制定国民经济和社会发展第十四个五年规划和二〇三五年远景目标的建议》提出“走中国特色社会主义乡村振兴道路，全面实施乡村振兴战略”，“实施乡村建设行动。把乡村建设摆在社会主义现代化建设的重要位置”。在乡村振兴的时代背景下，要大力发展农村志愿服务组织，开展乡村振兴志愿服务活动。伴随乡村振兴志愿者和志愿服务组织的多样化，越来越丰富、越来越多样的大学生乡村振兴志愿服务项目蓬勃开展起来，从农业科技知识普及到农村卫生健康传播，从农村助学成长服务到农村关爱助老服务，从村民邻里互助服务到乡村治理创新服务等，形成了许多大学生志愿服务品牌项目。

（二）环境保护志愿服务行动

大学生环境保护志愿服务活动以加强环境保护宣传，维护人民群众的合法权益，培养社会各界的环保意识，努力营造生态宜居的良好社会环境为宗旨，通过开展各种形式的环境保护志愿服务活动，宣传环境保护法律法规和相关环保知识，协助相关部门监督和制止各种环境违法行为，引导人民群众参与环保，践行环保。大学生环境保护志愿服务行动的主要形式有环境卫生清洁、环保知识大讲堂、保护母亲河、垃圾分类、植树造林、野生动物保护、噪声督查等。

（三）文明实践志愿服务行动

新时代文明实践是融思想引领、道德教化、文化传承等功能于一体的实践活动的总称，承担了举旗帜、聚民心、育新人、兴文化、展形象的光荣使命。志愿服务是开展文明实践的有力抓手，大学生理论宣讲、文体活动、贫困帮扶、敬老爱老、疫情防控、文明交通、心理疏导等都属于大学生文明实践志愿服务行动的范畴。

（四）关爱少年儿童志愿服务行动

“共青团关爱农民工子女志愿服务行动”由共青团中央发起，于2010年5月4日在全国各地集中启动。该行动以城市农民工子女和农村留守儿童为主要服务对象，组织大学生志愿者小组（或团队）与农民工子女建立结对关系，进行结对帮扶。

后来，各高校志愿服务组织又将关爱农民工子女志愿服务行动扩展为关爱少年儿童志愿服务行动。按照“假期集中服务、用好已有阵地、鼓励长期结对、支持示范项目、助力脱贫攻坚、扶智扶志结合”的活动思路，在寒暑假和课余时间引导大学生以志愿服务队的方式，在疫情防控等级为低风险的地区，面向本地区农村留守儿童、城市随迁子女、防疫一线医务人员子女等少年儿童群体，开展学业辅导、亲情陪伴、素质拓展、自护教育、心理辅导等内容的服务。

（五）为老服务志愿服务行动

为弘扬敬老爱老的传统美德，倾心倾情为老服务，不断提升老年人的获得感、幸福感和安全感，以志愿服务推动文明实践的扎实开展，高校组织大学生开展为老服务志愿服务行动，不断扩大养老政策宣传覆盖范围，为老年人送去关爱和温暖，让他们真正老有所享，老有所乐。大学生志愿者通过为老人打扫房间、整理床铺、测量血压、理发等方式，丰富老年人的物质生活和精神生活，传递社会新风尚。

（六）阳光助残志愿服务行动

为增强大学生的扶残助残思想意识，培养大学生的社会责任感，高校组织大学生志愿者面向残疾人群体开展体检、义诊、心理疏导、康复指导、残疾人辅助性就业等服务。通过创新常态化志愿服务模式，打造阳光助残特色服务品牌，促进残疾人和健全人一样平等地享受政治、经济、社会和文化等权利，营造尊重残疾人、关爱残疾人的良好社会氛围。

（七）卫生健康志愿服务行动

大学生卫生健康志愿服务行动主要依托有医学专业特长的大学生志愿者，深入基层定期为群众量血压、测血糖，进行健康指导，帮助群众制定健康方案。同时积极宣讲疾病预防、慢病管理、养生保健及新冠肺炎疫情防控等常识，在志愿服务中弘扬正能量，为群众送温暖，为社会做贡献。

（八）应急救援与疫情防控志愿服务行动

应急救援一般是指针对有破坏力的突发紧急事件，采取预防、预备、响应和恢复的活动与计划，以避免或减少事件的破坏性。大学生应急救援志愿者是具有医疗卫生、防震、消防、水利等专业知识的志愿者，一般接受过专业培训和模拟演练。新冠肺炎疫情发生以来，高校组织大学生志愿者积极响应号召，踊跃参与到各地疫情防控工作中去，成为抗击疫情的重要力量。

（九）社区治理与邻里守望志愿服务行动

为营造邻里守望、文明和谐、友善互助的社会氛围，高校组织大学生志愿者以“邻里守望”为主题，开展形式多样的社区志愿服务活动，把社区内的困难群众、空巢老人、留守儿童、残疾人、帮教对象等作为重点服务对象，通过资源共享、结对共建、文体活动、法律援助等形式，解决社区群众的实际问题，增进邻里和谐。

（十）节水护水志愿服务行动

大学生节水护水志愿服务行动旨在进一步动员大学生参与节水护水行动，形成全社会节水护水的良好氛围。节水护水志愿服务行动以“保护母亲河”“全国大中专学生志愿者节水专项调查”“中国青年志愿者节水护水志愿服务行动”等形式开展，让大学生志愿者养成节水护水的好习惯，做节水护水的表率，并向全社会宣传节水护水的理念，唤醒社会公众节约用水、保护河湖的责任意识，广泛凝聚全社会节水治水兴水的强大力量。

（十一）文化传播与旅游服务志愿服务行动

大学生文化传播与旅游服务志愿服务行动包括文旅资源直播推介、助力脱贫攻坚、景区志愿服务、文明旅游劝导等，旨在为人民群众送上丰富的文化大餐，保障人民群众的基本文化权益，让游客把文明旅游内化为自己的价值取向，外化为日常行为准则。

（十二）法律服务志愿服务行动

高校组织大学生法律服务志愿者向群众派发普法宣传资料，宣传法律援助、人民调解相关知识，举办法治讲座，提供法律咨询，为老百姓解决他们的急难愁盼问题。法律服务志愿者通过公益法律服务，积极引导人民群众利用法律解决矛盾纠纷，提高人民群众学法、懂法、知法、守法、护法、用法的能力，依法维护自身的合法权益。

（十三）禁毒教育志愿服务行动

大学生禁毒教育志愿服务行动以"珍爱生命、远离毒品"为主题，通过举办拒绝毒品宣誓活动、观看禁毒教育专题片、阅读禁毒资料和禁毒教育读本、召开禁毒宣讲会、参观禁毒教育基地等形式，全方位、多角度对人民群众尤其是对青少年开展禁毒宣传教育，提高人民群众防毒、拒毒的意识，引导全社会热爱生命，远离毒品。

（十四）其他志愿服务活动

除上述志愿服务活动外，不得不提到在2008年北京奥运会期间，高素质的大学生志愿者队伍和高水平的志愿服务，向世界展示了中国人民良好的精神风貌，为中国举办"有特色、高水平"的奥运会贡献出了大学生的青春力量。此后，以大学生为主体的大型赛会志愿者队伍在各高校积极组建起来，为国内、国际各项重要赛事和活动提供高水平的优质服务。

2020年初，一场新冠肺炎疫情在全国蔓延。在这场全民参与的抗疫战争中，各地涌现了大量志愿者，他们不顾个人安危，冒着被新冠肺炎病毒感染的危险，活跃在全国各地疫情防控阻击战的人民之中，为无数需要帮助的人提供了周到细致的服务，其中，大学生志愿者功不可没，他们辞别亲友，勇敢逆行，置身一线，用自己的方式践行着当代大学生的社会责任意识和使命担当。近年来，在疫情防控常态化的背景下，大学生疫情防控志愿服务活动也随之常态化，为有效防控疫情做出了重要贡献。

三、志愿服务的路径创新

尽管多年来在各级党委、政府、高校以及社会各界的共同努力下，大学生志愿服务工作取得了长足进步，但目前国内高校在组织和开展大学生志愿服务的实践中，还存在服务内容形式过于单一、专业化和规范化程度不高、管理机制尚未成熟、实践育人效果不理想等问题，影响了志愿服务实践育人功能的发挥。因此，优化现有的志愿服务路径和方法，构建可复制、可推广的高校志愿服务新模式、新机制，以推动高校人才培养工作取得新成效，就显得至关重要。

新时代高校应努力探索构建“打造一个主体、彰显三个特性、满足四个需求、促进六个结合”的宽领域、多维度、开放性志愿服务新模式，实现大学生志愿服务工作与学校育人工作的无缝对接，全面提升人才培养质量。

（一）打造一个主体

“打造一个主体”是指打造高校专业化志愿服务育人平台主体，将志愿服务纳入国民教育和创新创业教育整体架构，通过一体化设计，实现志愿服务与实践育人的无缝对接。各高校都可以根据学校的实际情况和特色，探索创立系统化、协同化、一体化的专业志愿服务育人平台。

随着全社会志愿服务工作的进步和发展，整个社会的志愿服务应该有一个合理的分工，由于社会各类志愿服务组织的特点和能力各有不同，因此只有每个志愿服务组织、每一名志愿者发挥好自己的特长，整个社会的志愿服务结构才能变得更加合理，才能让需要服务的人民群众接受到更好的服务，才能让志愿服务事业朝着常态化、规范化和专业化的方向发展。所以，大学生志愿服务必须要走专业化道路，这是时代发展的必然趋势，也是高校实践育人的必然要求。

（二）彰显三个特性

第一，育人平台的宽领域。在依托志愿服务的高校实践育人新模式中，一体化的专业志愿服务育人平台是其中的主体，它应该实现育人平台的宽领域，即根据不同学科专业的差异性，实行分类指导，满足大学生个性化的成长发展需求。

第二，育人视角的多维度。通过组织和开展专业志愿服务活动，为大学生搭建第二课堂实践平台，用第二课堂的创新实践反哺第一课堂的学习，打通“任督二脉”，拓展专业弹性，增进专业认同，实现人才培养的多维并举。从宏观、微观等不同层面一体化构建志愿服务工作体系，从而使教育教学的理念和视野更加宽广，第一课堂学习、第二课堂实践和第三课堂探索遥相呼应。通过打造全方位、立体化的育人时空，形成实践育人的“大熔炉”。

第三，育人空间的开放性。通过开展专业志愿服务活动，拓展实践育人空间，打破人才培养在时间和空间上的限制，统筹发挥学校、家庭和社会教育的育人资源，实现学校、政府、社会三方协同创新，整合协同志愿服务的各项元素，发掘一切校内外资源，构建一体化实践育人体系，实现各项工作的协同协作、同向同行、互联互通。

（三）满足四个需求

“满足四个需求”主要是指依托志愿服务构建的实践育人平台的建设目标应该满足高校人才培养过程中的四个核心需求：

第一，满足学生成长成才需求。大学生有着强烈的求知欲和接触、了解、参与社会活动的愿望。不仅要学会知识、掌握知识，还要激活知识、运用知识，将知识内化为思想智慧、外化为行动能力，全面提升学习能力、思维能力、表达能力、实践能力、组织能力等综合素质。通过志愿服务活动的形式走进社会，这是大学生参与社会生活更为便捷的方式。依托大学生的专业优势，开展专业化志愿服务，能很好地开阔大学生的视野，丰富学习内容，强化专业意识，增进专业认同，体现专业价值，提升专业技能，拓宽成长渠道，完善人格思维，有利于促进大学生的全面发展和成长成才。

第二，满足学校立德树人要求。高校管理体系要围绕立德树人的教育目标开展教育，教师要围绕这个目标来教，学生要围绕这个目标来学。利用第二课堂时间组织和引导大学生参与专业志愿服务活动，发挥“社会大学”的育人功能，既能增强大学生的社会责任感和奉献精神，培养家国情怀，又能激发大学生的专业学习兴趣，推进创新创业教育，实现培养学生专业技能、科学精神和人文情怀齐头并进，从而全面提高大学生的综合素质和核心竞争力，不断提升人才培养的针对性和实效性，切实肩负起培养德智体美劳全面发展的社会主义建设者和接班人的神圣使命。

第三，满足教育改革创新需求。深入推进教育教学改革、深化人才培养机制和教学方式改革，就是要创建多元、普惠、个性化的人才培养模式，形成以知识传授为基础环节、以能力培养为关键环节、以价值观塑造为根本环节，节节贯通、齐头并进的人才培养链条。党的十九大以来，教育部启动“三全育人”综合改革试点，大力推动理论创新和实践探索。通过专业志愿服务探索打造全方位、全开放的实践育人新体系，正是顺应教育教学综合改革要求的重大举措。通过优化治理体系，完善育人体系，促进全员全过程全方位育人，构建大思政格局。

第四，满足社会发展进步需求。我国推行志愿服务已有近三十年的时间，目前已经进入一个新的发展阶段。特别是站在“两个一百年”奋斗目标的历史交汇点，高校实践育人肩负着更加重要的历史使命，要通过积极开展专业志愿服务活动来实现高校服务社会的功能，在积极服务和推进经济建设、政治建设、文化建设、社会建设和生态文明建设“五位一体”总体布局中发挥应有的作用。

（四）促进六个结合

“促进六个结合”主要是指高校依托志愿服务构建的人才培养模式，在具体实施过程中应该做到以下六个方面：

第一，志愿服务与人才培养相结合，优化课程建设新体系。要真正发挥志愿服务作为高校人才培养和实践育人的重要载体作用，就必须从制度和根源上把志愿服务纳入人才培养总体方案，系统考虑，一体设计。不仅要在人才培养方案中优化课程建设体系，还要在所有的志愿服务项目中贯穿专业能力的培养和锻炼，使大学生在参与志愿服务和社会实践的过程中实现既长知识又长才干，既奉献社会又自我成长。

第二，学校教育与社会历练相结合，开辟实践育人新途径。通过大力发展大学生专业志愿服务活动，切实推进协同创新，通过“学校教育”与“社会历练”，搭建人才培养的“立交桥”和“直通车”，探索UGS（大学、政府和社会）开放性培养新模式，着力构建“三全育人”大格局。一是在实践育人主体上从“单”转向“全”，高校教师、志愿活动组织者、行业专家、管理者，都是人才培养的专兼职指导教师，形成系统化、多元化、多层次的教师资源供给机制，实现“教”与“育”“管”与“育”“服”与“育”的融合贯通。二是在实践育人过程上从“分”转向“合”，从“条块分割”转向“协同配合”，特别是将第一课堂和第二课堂融会贯通，构建德智体美劳全面发展的人才培养体系。三是在实践育人空间上从“点”转向“体”。实践育人工作要致力于实现由“点”到“线”、聚“面”成“体”，实现“面”“面”俱到、多“体”联动，建立学校与社会正向互动的工作格局，促进学校与社会两个教育场的衔接整合，大力推进学校、社会一体化育人，充分利用社会教育资源，达到多方合力育人的效果。

第三，技能提升与素质拓展相结合，提升成人成才新内涵。大学生肩负着国家的未来和民族的希望，既要读“有字之书”，又要读“无字之书”，这是大学生人生与事业的基本功。要围绕“有理想、有追求，有担当、有作为，有品质、有修养”的“六有”大学生培养目标，切实发挥专业志愿服务的实践育人功能，做好思想引领，培育和弘扬社会主义核心价值观，做到“三个兼顾”：既做服务，又长才干；既提升技能，也拓展素质；既成才，更成人。让大学生在参与志愿服务的过程中坚定理想信念、厚植爱国主义情怀、加强品德修养、增长知识见识、培养奋斗精神、增强综合素质，成为德才兼备的社会主义建设者和接班人。

第四，第一课堂与第二课堂相结合，夯实创业就业新根基。通过组织和开展专业志愿服务活动，为大学生搭建第二课堂实践平台，紧贴大学生所学学科专业，鼓励大学生依托专业设计志愿服务活动项目，整合资源，校地联动，协同创新，用第二课堂的创新实践反哺第一课堂的学习，增进专业认同，实现人才培养的多维并举。坚持理论性和实践性相统一、显性教育和隐性教育相统一、主导性和主体性相统一，达到理论学习与现实应用、内化于心与外化于行、人才培养与创业就业“三个融合”。

第五，突出重点与全员参与相结合，设计个性培育新菜单。“三全育人”要求全员全过程全方位育人，志愿服务作为实践育人的一项重要载体，也应该坚持统一性与多样性的结合，既考虑尽可能扩大活动覆盖面，使实践育人的对象覆盖每一位在校大学生，努力做到全员参与志愿服务，同时又应该体现出丰富性、层次性和多样性，突出重点，不同专业设计不同项目，不同项目锻炼和提升不同能力，通过个性化菜单，切实增强志愿服务在实践育人中的有效性和针对性，提升人才培养的质量和效果。

第六，线下活动与线上服务相结合，拓展自主学习新空间。专业志愿服务，将实践育人覆盖课上课下、线上线下、校内校外，实现“全方位育人”，这是“三全育人”的基本要求。探索优化志愿服务育人体系，也应该努力构建线上线下正向互动的工作格局，促进线上线下两个教育场的衔接整合。牢固树立“互联网+”思维，推进“信息技术与教育教学的深度融合”，实现“五通”：“人网联通”，亲身参与和网上分享相联通；“信息相通”，项目设计、征集、发布等信息共享；“项目融通”，项目之间无缝动态交流；“上下沟通”，校院班和线上线下互联互通；“机制畅通”，实时记录和督查。为此，高校要加强网站、微信、微博、QQ、短视频平台建设，围绕“智慧校园”和“网络平台”定期发起话题。线下组织训练营活动，开展志愿服务基础理论培训和专项业务培训；线上实现过程互动，信息资源共享，晒经验、晒活动、晒心得。鼓励大学生在网上传播和弘扬正能量，讲好“志愿故事”，积极发出“青年之声”。高校青年志愿者协会的官方微信平台作为展现高校志愿服务工作的重要窗口，应尽量覆盖所有志愿者。同时，平台也要积极宣传优秀典型的先进事迹、弘扬“奉献、友爱、互助、进步”的志愿精神，分享优秀志愿者成长成才的先进经验。

四、志愿服务的考核评价

高校应探索建立大学生志愿服务“五度”考核评价标准，即高度关注大学生志愿服务的参与度、工作开展的成效度、大学生自身的受益度、活动范畴的覆盖度、社会各界的知晓度。通过一整套规范化的制度设计，实现志愿服务工作从项目设计，到推进实施，到总结验收，严格实行质量标准化运作。

大学生志愿服务除要纳入课程考核，纳入“创新创业学分”以外，还应纳入大学生年度综合测评、评奖评优等内容，建立“季度督促、年中巡查、年底考核”的考核评价机制。

高校每年应组织志愿服务工作评比，表彰先进集体和优秀个人。打造志愿服务品牌项目，给予经费和政策扶持，并组织参加志愿服务项目大赛。

探索制定《志愿服务时数认定办法》，严格志愿服务时数认定、项目发起和招募等过程管理，实行班级纪录、学院核查、学校审定三级审核，加强对志愿服务工作的科学管理。

第四节　红色教育

红色基因必须得到坚守、传承与发扬，因为它清晰地告诉我们：今天的中国从何处来，又将往何处去。红色文化形成于马克思主义理论和中国传统文化的融合，具有自身独特的形成、实践过程与特殊内涵。作为党领导人民群众开展革命、建设和改革的重要精神文化之一，红色文化在文化创新、国家经济发展、政治制度建设等方面均起到了积极的促进作用。

大学生红色教育是指以红色文化为内涵对大学生开展思想政治教育，引导大学生见贤思齐、躬耕践履的一种实践育人活动。大学生红色教育的核心是对大学生开展爱国主义教育和革命传统教育，使大学生深切感受中国共产党带领人民开创新世界的艰苦卓绝、波澜壮阔的历史进程，理解中国在革命、建设和改革中形成的红色文化的精神实质，从而坚定信念、明辨是非、明确使命，以饱满的热情投身到社会主义现代化建设的各项事业中。

知所从来，思所将往。深入挖掘并充分利用红色文化的巨大价值对大学生开展红色教育，对提升高校实践育人的实效性意义重大。

一、红色教育的目的意义

高校对大学生开展红色教育的目的不仅在于传授知识，更在于在传授知识的基础上让大学生对党、对祖国、对人民产生理性认知，建立起深厚感情，落实为实际行动，升华为坚定信仰。红色文化不仅在实现中华民族伟大复兴的历史征程中发挥过且正在发挥着巨大的价值功能，而且还在大学生对中共党史、新中国史、改革开放史、社会主义运动史“四史”的认知认同、情感认同和行为认同中发挥重要作用。

首先，增进大学生对“四史”的理性认知。理性认知是认同的开端，只有在科学、理性认知的基础上形成的认同，才具有连续性、一致性和确定性。历史已然逝去，无法为当下大学生所感知，只能通过历史资料在大学生头脑中构筑历史图景，增进大学生对历史的认知。而红色资源无疑是高校实践育人的鲜活教材，将教科书和历史资料上的文字还原为实际场景和具体物件，比文字更鲜活、更直观，因而更容易被大学生认知和理解。

其次，激发大学生对“四史”的共情力。情感是认同的催化剂。“没有‘人的感情’，就从来没有也不可能有人对于真理的追求。”情感认同能促进认知认同的裂变，使原有的认同迅速升华。大学生“四史”认同要达到陶冶情操、震撼心灵、情理交融、高度共鸣的效果，离不开红色教育带来的共情力。例如，寻访革命根据地、重温革命故事、缅怀先烈、参观革命武装斗争的文物和史料等实践教学活动，能让大学生设身处地体会到当前幸福生活的来之不易，使原本抽象难懂的理论学习充满参与感和共情力，对于激活大学生血脉深处的红色基因、引发大学生灵魂深处的情感共鸣具有重要意义。

最后，催生大学生续写历史的行动力。红色基因是革命实践的结晶，红色基因的传承离不开实践。红色教育中革命先烈、建设者和改革者们的先进事迹无疑为大学生树立了榜样。“这些富有形象性、感染性和可信性的红色先进人物和故事，具有强大的正能量，有利于当代大学生深切感受革命先辈全心全意为人民服务、不怕牺牲、坚韧不拔、热爱祖国、无私奉献、自强不息等崇高品德和优秀人格，增强大学生的价值认同和行为效仿。”通过接受红色教育生成“四史”认同的大学生，主观上会自觉以实际行动参与到社会主义现代化建设的实践中来。只有经过全面系统的学习、深刻的情感体验和反复的实践运用，大学生才能形成对“四史”稳定、持久、强烈的认同。

高校对大学生开展红色教育意义重大。一是有利于发扬红色文化在革命、建设和改革中形成的宝贵精神作用，让“红色文化”发挥出教化育人、凝心聚力的作用。二是有利于增进大学生的爱国情怀、培育大学生的高尚情操、铸就大学生的创新精神，让大学生在接受教育的过程中继承和发扬老一辈革命家一切从实际出发、不畏困难、勇往直前的精神，不断增强中国特色社会主义的道路自信、理论自信、制度自信、文化自信，勇于进行具有许多新的历史特点的伟大斗争，坚决战胜前进道路上的各种艰难险阻。三是有利于创设良好的育人环境，充分发挥爱国主义教育基地、党史教育基地等红色文化资源的应有作用。四是有利于传播先进文化，提高大学生的思想道德素质，增强爱国主义教育效果，给大学生以知识的汲取、心灵的震撼、精神的激励和思想的启迪，从而更加满怀信心地投入到建设中国特色社会主义事业之中。

二、红色教育的主要形式

大学生红色教育的形式由教育内容决定，一般有什么样的教育内容，就会配套开展什么形式的红色教育活动。同一教育内容也可开展多种形式的教育活动。

（一）参观红色教育基地

大学生的革命传统教育，要充分运用红色教育基地这一“活教材”。参观一件件实物、一张张照片、一幅幅影像，可以让大学生直观感受老一辈革命家战天斗地的峥嵘岁月，感受革命先辈们不屈的民族精神和高尚的爱国情操，领会红色文化的思想内涵和时代价值，在思想上和心灵上受到深刻的洗礼。

（二）祭奠革命先烈

以重大节日和纪念日为契机，把革命烈士陵园、纪念堂、纪念碑转化为大学生红色教育的课堂，组织大学生向革命烈士敬献花圈，缅怀革命先烈的丰功伟绩，在祭奠先烈、歌颂人民、盛赞祖国中，升华大学生的革命情怀。

（三）体验奋斗历程

穿上红军服，重走长征路。让大学生回到那个炮火纷飞的年代，身临其境地从当时、当事、当景中潜移默化地接受红色教育。参加一次负重越野，发扬不拍苦、不怕累的精神，体会革命先辈与困难环境搏斗的艰辛；干一次农活，体验田间地头的挥汗如雨，理解每一粒粮食的来之不易；做一顿农家饭，垒灶台、劈柴火，在劳动中探索发现，合作交流，增强自理和自立能力，体验劳动的快乐。

（四）听革命故事

请老干部、老革命军人为大学生讲述革命故事，回忆当年的腥风血雨，诉说自己的亲身经历。通过访谈、座谈等形式，把革命历史的重温同社会现实问题的思考紧密结合起来，使大学生在革命故事中了解历史，在革命故事中感受爱国精神。

（五）看红色影片

充分发挥远程教育资源和网络资源的优势，组织大学生观看以革命战争为题材的红色影片，深刻领会在风雨飘摇的年代，在黑暗笼罩的乱世，中国共产党人撕破黑幕传送光明，为国家兴亡赴汤蹈火，为维护世界和平浴血奋战的一系列崇高品格。观影结束后，以交流会、讨论会等形式组织大学生分享观影心得。

（六）唱红色歌曲

红色歌曲是革命实践的真实写照，具有浓厚的感情基调和较强的节奏感，能唤起人们的红色记忆，把人们带到烽火连天的战争年代，带到热火朝天的建设工地，让人们在追忆那些为民族独立、人民解放、国家富强、人民幸福而奉献青春热血乃至宝贵生命的英雄的同时，生发出一种豪迈的英雄气概，激励人们奋发向上。高校可通过红歌会、红歌赛等形式，组织和引导大学生学红歌、唱红歌，在歌声中重温战争年代的革命激情，歌唱伟大的祖国，歌颂美好的生活。

（七）读红色书籍

一本好书是一扇窗户，能让人走进历史、了解历史；也是一粒种子，能让人在内心萌发认同、产生情感共鸣。红色书籍记载着中国共产党人的初心使命，不仅蕴藏着我们“从哪里来”的精神密码，更标定了我们“往哪里去”的精神路标。当代大学生更应该大量阅读红色书籍，全面了解党的不懈奋斗史、理论探索史、自身建设史，深刻感悟党的苦难辉煌、浴血荣光。高校应该为大学生提供反映党在革命、建设和改革等不同时期奋斗历程的书籍或书单，包括小说、诗歌、话剧、回忆录等，组织大学生品读红色经典，在学思践悟中坚定理想信念，发扬红色传统，传承红色基因，赓续共产党人精神血脉，感党恩，听党话，跟党走。

三、红色教育的路径创新

红色文化在高校的传承教育已经取得了一系列成效，实践效果显著。但与此同时，大学生红色教育也存在如受众面不广、影响力不深、教育方法陈旧、教育过程中过于强调形式而忽视了红色文化本身的价值追求等问题。红色文化是中国特色社会主义文化的源头之所在、初心之所在，无论如何不应该被遗忘。在新的历史条件下，高校应坚定文化自信，进一步深入开展红色教育，解开红色精神文化“密码”及当代意义，创新方法拓宽红色文化传播平台，多维度、多视角、全方位地推动红色精神文化的教育传承。

（一）把红色资源利用好

大学生积极参加形式多样的社会实践是培育和践行社会主义核心价值观的一个重要环节。社会主义核心价值观不是无源之水，而是在红色资源与红色精神传承与发展的过程中，结合新的时代特点、面对新的时代问题而形成的我国社会意识形态本质的体现，所以说，红色资源是社会主义核心价值观的源头，孕育了社会主义核心价值观。这也就意味着高校在对大学生开展社会主义核心价值观教育时，不能不提红色资源。红色资源内涵丰富、形态多样，是大学生社会主义核心价值观教育，尤其是培育大学生认知认同的生动鲜活的教材。红色资源犹如一座巨大的文化宝库，我们要无比珍视，认真开发，站在世界百年未有之大变局和中华民族伟大复兴战略全局的高度，进一步加强对红色资源的理论研究，深刻阐释其与社会主义核心价值观的共通之处，让社会主义核心价值观在大学生思想认识中坚定有力。高校要加强红色教育基地建设，将红色遗址、红色故居、博物馆、烈士纪念园等纳入红色教育基地，挖掘教育素材，长期开展教育实践活动，并选派一批大学生志愿者到红色教育基地开展义务讲解活动，让红色教育的空间越做越大。在教育方法上，要尊重并发挥大学生的主体地位，改变传统的单一、灌输、强势的教育方法，运用现代科技手段，打造视、听、触一体化的VR体验模式，让大学生在接受红色教育时有身临其境的感受，在时空跨越中得到精神洗礼，避免生搬硬套、千篇一律。

（二）把红色传统发扬好

红色资源因时代变迁、岁月久远，不免会让大学生产生疏离感和陌生感。要拉近红色资源与大学生日常生活的距离，就要努力营造发扬红色传统、践行社会主义核心价值观的良好氛围。例如，同样是“爱国”，当年抗美援朝志愿军战士出国作战，在极其艰苦的斗争环境下是如何赤胆忠心、保家卫国的，而作为当代大学生的“我”，在日常生活中是不是一名坚定的爱国者；同样是“敬业”，雷锋同志是如何自觉地把个人融入党和人民的事业之中去，服从组织，兢兢业业，全心全意为人民服务的，“我”在新时代又该如何做到爱岗敬业；等等。这种设身处地的换位思考实际上是“共情力”的体现，情感共鸣一旦被激发，不仅会巩固认知认同的成果，还会催生行为认同。当前高校红色教育“点”多“面”少，主要体现在对学生党员、学生干部的教育多，对普通大学生的教育少；在节庆日、纪念节日的教育多，平时的教育少，造成红色教育的整体性、连贯性较差。针对这种情况，高校在开展红色教育时，要做到立足学生党员，放眼全体大学生；立足基地教育，放眼社会实践，不断拓展红色教育的外延。避免形成红色教育与思想政治教育、专业教育相互隔绝的“孤岛效应”。事实上，红色传统早已从革命遗迹、革命精神逐步发展成为既携带红色基因又具有丰富时代内涵的一种强大的精神力量，高校要引导大学生在新时代将红色传统保护好、传承好、发扬好，让其在日常生活空间中扎根，在大学生的具体行为中彰显。

（三）把红色精神传承好

传承红色精神，就要利用红色资源和红色传统，为大学生搭建不同层次的实践平台，精心设计主题鲜明、内容丰富、形式多样的社会实践活动，提升活动的价值内涵和实践意义，让大学生在近距离接触、交流和体验中，真切体会到中国共产党为什么能、马克思主义为什么行、中国特色社会主义为什么好。深入开展大学生入党入团宣誓仪式、烈士纪念日主题活动、清明祭扫活动、演讲比赛、故事会、红歌会等形式“红色主题活动”，让革命传统在大学生心目中生根发芽，促进红色精神薪火相传。只有课上课下言行一致、知行合一，红色基因才会潜移默化地融入大学生的血液，将红色精神转化为大学生的价值取向、愿望要求和自觉行动。高校要整合多方资源，积累经验，树立品牌，使大学生红色教育有特色、有成效。探索建立大学生传承红色精神的长效机制，让中国共产党的红色资源一代一代地传承和发展下去，树立科学的信仰和共同的理想信念，用红色精神汇聚起全面建设社会主义现代化强国的人民伟力。

四、红色教育的考核评价

高校对大学生开展的红色教育因内容不同、形式各异，且在大学生参与活动的考核评价上缺乏健全的机制，直接导致有的大学生无法充分意识到红色教育的重要意义，简单到现场走马观花地看一遍，对有价值的内容“记不住”“化不了”“用不上”，无法做到人到、身到、心到，让红色教育流于形式。为此，高校需着手建立一套行之有效的大学生红色教育考核评价机制，因为全面、准确科学的考核评价体系是大学生红色教育中必不可少的一环，考核评价的结果也将直接为后续的教育活动提供导向。

高校红色教育的考核评价要做到客观公正并非易事，原因在于，一方面，评价主体、评价客体、评价标准、评价方法等细微差异都有可能对评价结果产生重大影响；另一方面，红色教育的效果哪些可以立即检测、哪些需要长时间观察，哪些是浅层次的表象、哪些是深层次的稳定效果，哪些是红色教育产生的效果、哪些是专业教育产生的效果，均难以界定。加之红色教育的内容不同（有革命传统教育、有爱国主义教育），形式不同（有参观游历、有动手实操、有交流分享），因此，高校在制定红色教育的考核评价标准时，切记不可一刀切，要实事求是，具体问题具体分析，全面做好过程监管和效果评估。在每一项红色教育活动中，要观察大学生的学习考勤、实践情况和学习收获，综合考虑大学生的自我评价、同学评价和实践基地评价，做出客观公正的考核结论，并将考核结果与大学生社会实践学分、志愿服务时长、评奖评优等结合起来，对大学生认真参与下一阶段的红色教育活动形成良好的约束力。

第五节　挂职锻炼

高校实践育人最直接的方式就是把大学生直接送到工作岗位上去接受实践锻炼，这种实践育人方式体现在专业实习实训中，体现在就业创业中，体现在志愿服务中，也体现在挂职锻炼中。那么，大学生挂职锻炼与前几者有何不同呢？所谓大学生挂职锻炼，是指由高校选派或大学生自主报名到机关、企事业单位或基层担任某种职务，在一定时间内、在特定工作岗位上提升大学生的实践能力并回报社会的一种实践育人方式。

同样是在具体岗位上接受锻炼，挂职锻炼与实习实训的区别是：实习实训属于高校的一项教学实践活动，全体学生必须参与，并获得学分；而挂职锻炼有的是高校选拔派出，有的是大学生自愿报名参加，没有强制性。挂职锻炼与就业创业的区别是：就业创业均属于大学生毕业离校后参加工作的方式，为了确保大学生顺利就业创业，高校在大学生毕业前会组织一系列就业创业实践活动，大学生毕业后如无特殊情况，就业或创业将是他们长期从事的职业；而挂职锻炼的机会有的在大学生在校期间，有的在大学生毕业以后，挂职锻炼的时间也从几个月到几年不等，属于短期、过渡性实践历练。挂职锻炼与志愿服务的区别是：志愿服务建立在自愿互助的基础之上，一般不设固定岗位，即使有固定岗位，也可遵循志愿者的个人意愿调整、变化或终止，对何时参与工作、怎样参与工作等，志愿者有自主选择的权利；而挂职锻炼的大学生在挂职期间，必须严格遵守岗位职责，按时到岗，认真完成该岗位的工作任务。因此，挂职锻炼与实习实训、就业创业、志愿服务在实践育人方面有一定的重合或共通之处，但也存在明显的差异性。大学生挂职锻炼是高校实践育人的另一种重要方式。

一、挂职锻炼的目的意义

之所以要组织大学生参与挂职锻炼，是因为一切认识都来源于实践，实践决定认识，而认识又反过来指导实践，推动实践不断向前发展，所以大学生要付诸实践来检验课堂所学。

对高校而言，组织和选派大学生参与挂职锻炼的目的有三：一是拓展实践育人的渠道。将大学生选派到机关、企事业单位、基层、乡村担任某种职务，是锻炼大学生实践能力最有效的方式，但由于岗位数量限制，无法大规模开展，而挂职锻炼岗位因为时间不长、不会对大学生的学习和就业造成太大影响，无疑成了高校培养和锻炼大学生的最优方式。二是检验实践育人的效果。高校培养出来的大学生毕业以后能否胜任工作岗位、能否经得起社会的考验，挂职锻炼无疑是检验大学生能力和水平的“试金石”。经过挂职锻炼的检验，高校可以及时总结先进经验，查找问题和不足，及时改进。三是反哺理论育人的成果。挂职锻炼既能加速大学生的社会化进程，培养家国情怀，同时大学生在工作中用自己所学的专业知识解决现实问题的过程，又能激发大学生的专业认同感，点燃大学生学好专业知识、用好专业技能的信心和热情，从而全面提升大学生的综合素质。

对大学生而言，参与挂职锻炼的目的同样有三：一是积累工作经验，提高处理复杂问题的能力。二是学习挂职单位的好经验、好做法，交志同道合的朋友，为自己未来的职业发展添砖加瓦。三是磨炼心志和毅力，到基层、边远、艰苦地区挂职锻炼，接触人民群众，与人民群众吃住在一起，锤炼吃苦耐劳的意志和服务人民的道德品质。

对挂职单位而言，挂职锻炼的大学生为他们注入了新鲜血液，带来了青春活力，一定程度上缓解了挂职单位人手紧缺、编制不够、资金不足等压力。一些挂职锻炼期间表现突出的大学生，还有可能毕业后正式留任，成为挂职单位培养起来的留得下、用得上、信得过的人才。

二、挂职锻炼的主要形式

大学生挂职锻炼的岗位主要有选送大学生到党政机关挂任职务、到各类企事业单位挂任职务、到乡村或基层单位挂任职务。从现实操作来看，大学生到乡村或基层单位“下挂”的情况最多，其中最为典型的当属大学生村官。大学生到党政机关和各类企事业单位挂职锻炼，一般由各级党委组织部门会同高校进行选拔招录，因为招录方式、岗位分工和挂职要求各不相同，此处无法一一展开详述，单就大学生村官这一国家号召、学生关注的大学生挂职锻炼的典型形式加以阐释评析。

（一）大学生村官的岗位概况

大学生村官是党中央做出的一项重大战略决策。大学生村官从无到有，快速发展，大体经历了三个阶段：一是“各地自发探索”阶段。从1995年江苏省实施“雏鹰工程”开始，到2004年有10个省区市启动了选派大学生到村任职工作。二是“局部探索试验”阶段。各地认真落实中央办公厅、国务院办公厅印发的《关于引导鼓励高校毕业生面向基层就业的意见》精神，探索选聘大学生村官工作，到2008年初全国已有17个省区市启动了这项工作。三是“全面发展推进”阶段。2008年3月，中组部和教育部、财政部、人力资源社会保障部联合下发《关于选聘高校毕业生到村任职工作的意见（试行）》，在31个省区市和新疆生产建设兵团部署开展了大学生村官工作，此后又出台了多个关于大学生村官的政策性文件。经过多年的发展，有一大批大学生村官在基层实现了自己的价值，也为农村的发展做出了自己的贡献。

大学生村官岗位性质系非公务员身份的“村级组织特设岗位”，他们的工作、生活补助和享受保障待遇应缴纳的相关费用由中央和地方财政共同承担。大学生村官的工作管理及考核比照公务员有关规定进行，由县（市、区）党委组织部牵头负责、乡镇党委直接管理、村党组织协助实施；人事档案由县（市、区）党委组织部管理或县（市、区）人力资源和社会保障部门所属人才服务机构免费代理，党团关系转至所在村。

大学生村官的选聘对象一般是全日制本科及以上的学生党员或优秀学生干部。选聘的基本条件：思想政治素质好，作风踏实，吃苦耐劳，组织纪律观念强；学习成绩良好，具备一定的组织协调能力；自愿到农村基层工作；身体健康。选聘工作一般通过发布公告、个人报名、资格审查、考试、组织考察、体检、公示、决定聘用、培训上岗等程序进行，聘期一般为2年至3年。

大学生村官主要履行宣传落实政策、促进经济发展、联系服务群众、推广科技文化、参与村务管理、加强基层组织等职责。大学生村官到村第一年，是中共正式党员的，一般安排担任村党组织书记助理职务；是中共预备党员或非中共党员的，一般安排担任村委会主任助理职务；是共青团员的，可安排兼任村团组织书记、副书记职务。第一年重点了解熟悉农村工作，整理一套涉农政策、走访一遍全村农户、完善一套村情档案、形成一份调研报告、提出一条发展建议、学习一门实用技术，努力实现角色转变。从第二年开始，考核称职、符合任职条件的，原则上应担任村“两委”委员或以上职务并明确分工，帮助村民发展致富项目、领办合办农民专业合作社、组织开展群众文体活动、参与排查调处矛盾纠纷、为村民代办各项事务。

（二）选聘大学生村官的重要意义

中国共产党是一个与工人、农民血脉相连，植根人民、服务人民的政党。对党政干部的培养，一个必不可少的重要途径，就是要他们到基层一线、到群众当中去，在实践中历练成长。选聘大学生到村任职，可以增进大学生对基层社会的深刻理解，建立起对人民群众的深厚感情，成为党和国家的建设者和接班人。

“基础不牢，地动山摇”。党的基层组织是党全部工作和战斗力的基础，也是我们党执政的基础。而大学生村官工作则是加强基层党组织建设的强基工程，有利于提高农村干部队伍整体素质，增强基层党组织的战斗力。

现实中，很多大学生村官积极宣传惠农政策、协调社会矛盾、带领群众致富、推广科技知识、丰富群众精神文化生活等，得到了基层干部群众普遍欢迎和社会各方广泛赞同。一批大学生村官在农村实践锻炼中，形成了工作踏实、不怕吃苦、爱岗敬业、勇于进取等优良品质，凸显出其独特优势和发展潜力，吸引了一批中央企业和单位从大学生村官中招聘员工。

（三）大学生村官的未来发展

第一，留村任职。任满1个聘期、聘期考核称职的大学生村官，本人提出续聘申请，经乡镇党委初审，县级组织、人力资源和社会保障部门审定，可签订续聘合同，继续留村工作，享受大学生村官待遇。续聘大学生村官纳入当年大学生村官选聘计划。

鼓励在实际工作中表现优秀、党员群众认可的党员大学生村官，通过党员推荐、群众推荐和乡镇党委推荐等方式，参加村党组织换届选举。到村任职工作1年以上的优秀大学生村官，可由本人提出书面申请，经村民会议或村民代表会议讨论通过，参加村委会换届选举。担任村“两委”副职及以上职务的大学生村官，保留大学生村官工作、生活补贴，同时可享受同级村干部补贴。任满1个聘期、当选村“两委”副职及以上职务、考核称职以上的大学生村官，可参加面向优秀村干部的乡镇公务员定向考录。任满2个聘期、当选并担任村“两委”副职及以上职务满一届、考核称职以上的，经省（区、市）组织人事部门批准，可采取考核招聘的方式聘用为乡镇事业单位工作人员，根据工作需要可继续留村工作。

第二，参加公务员考录。大学生村官聘用期满、考核称职，并经县级组织、人力资源和社会保障部门推荐同意，可参加面向大学生村官的公务员定向考录。

任满1个聘期、当选并担任村“两委”副职及以上职务、考核优秀、实绩突出、群众公认的大学生村官，可通过公开选拔担任乡科级领导干部；符合乡镇领导班子换届提名人选条件的，可按程序推荐作为换届提名人选。经选举担任乡镇党政机关领导人员或经公开选拔担任乡科级领导干部的大学生村官，在国家行政编制限额内按照有关规定进行公务员登记。大学生村官在职2年以上，具备选调生条件和资格的，经组织推荐，可参加选调生统一招考。选调生主要从具有2年以上基层工作经历的大学生村官中招考，逐步实现选调生工作与大学生村官工作并轨。

第三，自主创业。建立健全党委和政府引导、社会组织和企业扶持、市场运作相结合的工作机制，鼓励和支持大学生村官自主创业。

通过政府支持、社会募集等方式筹集大学生村官创业扶持资金，创新金融服务方式，为大学生村官创业富民提供借贷、担保、贴息、补助等支持。整合农业、科技、扶贫等有关部门的项目资源，发挥科研机构、高等院校的智力优势，为大学生村官创业富民提供项目论证、技术指导和市场信息等服务。鼓励和扶持大学生村官创办领办农民合作、科技推广、社会化服务等组织和实体。探索创新创业扶持模式，引导和鼓励企业、社会组织参与扶持大学生村官创业，以大学生村官创业带动社会青年创业。鼓励创业有成的大学生村官进入企业经营管理者、致富项目带头人、新社会组织负责人队伍，逐步实现自主发展。

第四，另行择业。建立择优推介制度，引导服务期满的大学生村官通过人力资源市场自主择业，省市两级应每年举办一次大学生村官专场招聘会。

通过多种途径和形式，广泛宣传大学生村官优势和潜力，引导国有企业、金融机构、非公有制企业、社会组织等面向大学生村官招聘工作人员。在县（市、区）、乡镇事业单位公开招聘中优先聘用大学生村官，逐步提高面向大学生村官招聘事业单位工作人员的比例。除实行职业资格准入和专业限制的岗位之外，县（市、区）、乡镇事业单位从大学生村官中招聘工作人员一般应达到当年招聘计划的一定比例。服务期满、考核称职以上的大学生村官，经县（市、区）组织人事部门推荐，可转聘为街道社区工作人员、非公有制企业党建工作指导员或其他社会管理和公共服务岗位工作人员。

第五，学习深造。鼓励大学生村官继续学习深造。服务期满、考核称职以上的大学生村官报考研究生，初试总分加10分，同等条件下优先录取，其中报考人文社科类专业研究生的，初试总分加15分。

三、挂职锻炼的路径创新

总体而言，大学生挂职锻炼为高校提供了一条实践育人的新路径、为大学生提供了一个接受历练的新机遇、为挂职单位提供了一批年轻有为的新人才，经过多年的努力，选聘大学生挂职锻炼工作取得了长足发展，收效显著，让多方收益，但一些现实问题也不容忽视。例如，挂职锻炼大学生与所挂任职务之间到底是一种什么关系，在现实操作中一直没有明确。一般而言，挂职单位分工已经饱和，即使没有挂职锻炼的大学生，工作也有人负责。这就造成挂职锻炼大学生“挂”不到“职”，挂职锻炼时没事可做。再如，无论挂职锻炼的大学生，还是挂职单位，对“挂职”这件事始终持一种“过客”态度，即短期过渡、客客气气、应付了事，等等。挂职锻炼本来是为了提高大学生实践能力，但现实中往往养懒了大学生。有的挂职锻炼大学生挂了几年职，连挂职乡镇的路也认不清楚、老百姓的名字也叫不上来；还有一些挂职锻炼大学生抱着短期思想，好高骛远，不求上进，伸手跟当地讨要待遇，等等。这些现实问题的存在，让本该具有重要意义和深远影响的大学生挂职锻炼变了味道，必须引起多方重视并全力解决。

新时代，高校要切实做好以大学生村官为代表的大学生挂职锻炼工作，提升实践育人的实效性，要会同有关部门和社会力量重点抓好以下几方面工作：

（一）制定政策，建立健全工作机制

高校要会同各级党组织和各有关部门进一步完善大学生挂职锻炼的有关政策，对大学生挂职锻炼的招录、选聘、职责、待遇、考核、流动等具体事宜做出明确部署，建立健全各项工作机制。各高校也要配套出台校级政策文件，确保大学生挂职锻炼的全过程操作规范、有章可循。

（二）落实待遇，解除大学生后顾之忧

各高校要关心挂职锻炼大学生的工作和生活情况，不能只派不管。高校要与地方建立长期沟通合作关系，定期了解大学生村官的日常表现和实际困难，帮助大学生村官解决工作、生活、学习、安全、心理健康等方面的问题。督促落实新聘任大学生村官补贴标准并逐步提高的资金保障政策。在艰苦边远地区工作的，按规定发放艰苦边远地区津贴。大学生挂职锻炼期间，按照当地对事业单位的规定，参加相应社会保险，并办理重大疾病、人身意外伤害商业保险。符合国家学费补偿和助学贷款代偿政策规定、聘期考核合格的大学生，其学费和国家助学贷款由财政补偿和代偿。

（三）加强管理，明确工作任务与要求

要投入足够的人力、物力和精力，加强对挂职锻炼大学生的规范管理。明确挂职锻炼大学生“五个一”任务清单：参与一个项目，参与一个重点青年工作项目，了解基层青年特征；结对一个社区，结对一个街（镇）所属社区，参与社区青年工作；开展一次调研，围绕年度重点工作项目，开展一项社区青年的调研工作，并完成调研报告；完成一本民情日志，对工作中遇到的问题进行深入思考；形成一份挂职锻炼报告，突出挂职锻炼期间的问题和思考。要认真做好挂职锻炼大学生的年度考核和聘期考核，将工作实绩和群众满意度结合起来，考核结果与挂职锻炼大学生的续聘、奖惩、培养、使用相挂钩，保证挂职锻炼大学生健康成长。

（四）注重培训，助力大学生能力提升

各高校要针对挂职锻炼大学生的岗位职责和工作需要，加强岗位培训和跟踪培

养。大学生村官培训应纳入干部教育培训规划，每人每年接受培训累计不少于7天。通过有关部门和各级党组织的共同努力，进一步加强和改进大学生挂职锻炼工作，逐步建立一支规模适度、结构合理、素质优良、充满活力的挂职锻炼大学生队伍。

（五）选树典型，营造良好的社会氛围

要及时总结、挖掘、宣传挂职锻炼大学生中的先进事迹和优秀典型，为挂职锻炼大学生成长成才营造良好的舆论环境和社会氛围。用榜样的力量感召更多的大学生响应党和国家的号召，到农村基层去、到祖国和人民最需要的地方去，挥洒汗水，辛勤耕耘，为建设社会主义新农村贡献青春、智慧和力量。

四、挂职锻炼的考核评价

对挂职锻炼大学生的考核应坚持实事求是、客观公正、民主公开、注重实绩的原则，采取日常考核、年度考核与期满考核相结合，定量考核与定性考核相结合，组织考核与群众满意度测评相结合的方式进行。考核由组织部门实施，挂职单位和高校协助。

（一）日常考核

主要考核挂职锻炼大学生对各项挂职工作的落实情况，包括出勤情况、工作日志、遵守纪律情况、工作任务完成情况等。

（二）年度考核

大学生挂职锻炼时间在半年以上（含半年）的在挂职锻炼单位参加年度考核。年度考核的内容主要包括德能勤绩廉等方面的情况，重点考核年度工作目标的完成情况。年度考核按照个人述职、民主测评、个别谈话、调查核实、综合评定的流程，做出优秀、合格、不合格的考核结论，优秀等次的比例不超过同期挂职锻炼大学生总人数的30%。

（三）期满考核

挂职锻炼大学生挂职期满后，要参加期满考核。期满考核的内容、方法与年度考核基本相同，不同之处是，期满考核的重点在于大学生整个挂职锻炼期间职责任务的完成情况。综合考虑日常考核、年度考核和期满考核的结果，对挂职锻炼大学生做出优秀、合格、不合格的考核结论。

（四）考核结果的运用

根据考核结果，对考核优秀的挂职锻炼大学生给予荣誉称号和表彰奖励。如是在校大学生，高校要按照相关规定认定大学生社会实践学分、志愿服务时长等，并将挂职锻炼的考核结果存入个人档案，作为大学生评奖评优、推优入党、就业推荐等环节优先考虑的重要依据。挂职锻炼表现特别优秀的，建议所在单位党组织适时予以使用。考核过程中发现因思想作风、工作能力、身体状况等因素，不适合继续挂职锻炼的，要报请组织部门同意后，及时调换；因工作失职或违法违纪造成不良影响的，要按照有关规定严肃处理，并及时终止挂职锻炼。

第五章
新时代高校文体实践活动的路径创新

德智体美劳是对人的综合素质的集中概括，是人的全面发展的必备条件。高校实践育人，必须着眼于促进大学生的全面发展，德智体美劳，一个都不能少。“五育”之中，德育是培养大学生正确的世界观、人生观、价值观，良好的道德品质和正确的政治观念，形成正确的思想方法的教育；智育是传授大学生科学文化知识和专业技能，发展大学生的智力和与学习有关的非智力因素的教育；体育是授予大学生身体健康和心理健康的知识和技能，发展大学生的体力，增强大学生的体质，健全大学生心理的教育；美育是培养大学生的审美观，发展大学生鉴赏美、创造美的能力，提升大学生的高尚情操和文明素质的教育；劳育是培养大学生劳动观念和劳动技能的教育。只有德智体美劳“五育”并举，大学生才能成长为心灵丰盈、人格健全、精神饱满、能力全面的新时代国之栋梁，自觉担当起民族复兴的历史重任。

为此，高校在实践育人的整体框架下，除要致力于大力发展大学生的专业实践能力和社会实践能力以外，也万万不能忽视对大学生科技、文化、艺术、身体和劳动素质的培养，应着眼于构建更全面、更高水平的人才培养体系。目前，各高校为实现“五育”并举的目标，为大学生搭建了各种各样的校内外实践育人平台，其中最为普遍、最具有典型意义的有大学生学术科技活动、文化艺术活动、体育活动和社团活动等。这些实践育人平台及其开展的校园文化活动，为大学生健康成长成才营造出生机勃勃、积极向上的文化氛围。

第一节　学术科技活动

创新精神是一个国家和民族发展的动力源泉，也是一个现代人应该具备的素质。创新精神是指具有综合运用已有的知识、信息、技能和方法提出新思想、新观点、新办法的思维能力和进行发明创造、改革、革新的意志、信心、勇气和智慧。创新精神是新时代大学生基本素质，高校应该如何培养大学生的创新精神？如何将大学生的创新精神和实践能力的培养有机融合？在这个问题上，高校除要鼓励大学生满怀求知欲、独立思考、大胆质疑之外，还要给大学生搭建能够施展创新能力的舞台，大学生学术科技活动就是其中的典型代表。

一、学术科技活动的目的意义

大学生课外学术科技活动是培养大学生创新精神和实践能力的有效载体。遵循课内与课外相结合、普及与提高相结合、创新性与时代性相结合的原则，高校通过开展大学生学术科技活动，普及科学知识，锻造实践技能，为大学生提供参与科技实践的平台，增强大学生的创新能力和就业竞争力，为高层次的科技竞赛活动打下基础、培育土壤、营造环境，促进优秀人才和优秀成果的涌现，提升高校人才培养质量。

大学生课外学术科技活动是高校实践育人的重要组成部分，其意义体现在：第一，有利于培养大学生的创新精神和实践能力。以学术科技竞赛或交流等活动的形式，引导和激励大学生实事求是、刻苦钻研、勇于创新、多出成果、提高素质，发现和培养一批在学术科技上有作为、有潜力、有本领的优秀人才。第二，有利于丰富校园文化，提升校园文化品味。大学生学术科技活动已成为高校校园文化中的一项主导性活动，对高校营造良好的学习环境和科技创新氛围起到重要作用。第三，有利于服务国家战略和地方经济社会发展。国家发展靠人才，民族振兴靠人才。在大学生学术科技活动中涌现出的优秀人才和优秀科技成果，是对高校实践育人成果的宣传和展示，也越来越在社会上产生广泛而深远的影响，推动高校与社会之间的交流与合作，促进高校科技成果向现实生产力转化，为地方经济发展培养和选送高素质的科技英才。

二、学术科技活动的主要形式

我国各高校普遍重视大学生创新能力和实践能力的培养，创造性地开展各类内容丰富、形式多样、扎实有效的大学生课外学术科技活动，取得了良好的成效。其中比较有代表性的学术科技活动有大学生学术科技节、“挑战杯”大学生课外学术科技作品竞赛、“挑战杯”大学生创业计划大赛、大学生数学建模竞赛及各类大学生专业技能竞赛等。

（一）大学生学术科技节

大学生学术科技节是高校校园文化的重要组成部分。高校将一年之中校内外的科技竞赛、学术交流、科技展示等活动整合在一起，集中在一段时间内以系列活动的形式举办，营造一种具有学术气息的“节日”氛围。大学生学术科技节内容丰富，既有专业性较强的理论研讨、学术论坛、实验研究、技术创新，又有拓展大学生知识面和兴趣的科普宣讲、科技展示、创业计划，还有学生自主开展的课题研究、创新项目、社会调研等。在学术科技节期间，大学生可自主选择活动进行参与体验，与老师和同学开展学术交流，碰撞创新的火花，点燃创新的激情。

（二）“挑战杯”系列竞赛

“挑战杯”全国大学生系列学术科技竞赛，是一项具有导向性、示范性和群众性的全国竞赛活动，被誉为中国大学生科技创新创业的“奥林匹克”盛会，是目前国内大学生最关注、最热门的全国性大学生竞赛。

“挑战杯”全国大学生系列学术科技竞赛是由共青团中央、中国科协、教育部和全国学联共同主办，国内著名大学、新闻媒体联合发起的一项全国竞赛活动。自1989年首届竞赛举办以来，“挑战杯”系列竞赛始终坚持“崇尚科学、追求真知、勤奋学习、锐意创新、迎接挑战”的宗旨，在促进青年创新人才成长、深化高校素质教育、推动经济社会发展等方面发挥了积极作用，在全国各高校乃至社会上产生了广泛而深远的影响。“挑战杯”系列竞赛在中国有两个并列的项目，一个是“挑战杯”全国大学生课外学术科技作品竞赛（以下简称“大挑”），另一个则是“挑战杯”中国大学生创业计划竞赛（以下简称“小挑”）。这两个项目的全国竞赛交叉轮流开展，每个项目每两年举办一届。两个比赛项目的侧重点不同，“大挑”注重学术科技发明创作带来的实际意义与特点，而“小挑”更注重市场与技术服务的完美结合，商业性更强。

“挑战杯”全国大学生课外学术科技作品竞赛的竞赛方式是：高校在校学生申报自然科学类学术论文、哲学社会科学类社会调查报告和学术论文以及科技发明制作三类作品参赛。自然科学类学术论文作者限本专科生；哲学社会科学类社会调查报告和学术论文限定在哲学、经济、社会、法律、教育、管理六个学科内；科技发明制作类分为a、b两类，a类指科技含量较高、制作投入较大的作品，b类指投入较少，且为生产技术或社会生活带来便利的小发明、小制作等。竞赛会聘请专家评定出具有较高学术理论水平、实际应用价值和创新意义的优秀作品，给予奖励。同时会组织学术交流和科技成果的展览、转让活动。参赛的自然科学类学术论文、哲学社会科学类社会调查报告和学术论文、科技发明制作三类作品各设特等奖、一等奖、二等奖、三等奖。各等次奖分别约占进入终审决赛各类作品总数的3%、8%、24%和65%。本专科生、硕士研究生、博士研究生三个学历层次作者的作品获奖数与其进入终审决赛作品数成正比。

“挑战杯”中国大学生创业计划竞赛采取学校、省（自治区、直辖市）和全国三级赛制，分预赛、复赛、决赛三个赛段进行。作为大学生科技活动的新载体，创业计划竞赛在培养复合型、创新型人才，促进高校产学研结合，推动国内风险投资体系建立等方面，发挥出越来越积极的作用。“挑战杯”中国大学生创业计划竞赛设金奖、银奖、铜奖。

“挑战杯”系列竞赛除“大挑”和“小挑”外，还包括一系列专项竞赛。

网络虚拟运营专项比赛由全国“挑战杯”竞赛组委会举办，每年两届。竞赛流程为校赛选拔初赛、全国预赛、全国复赛、全国决赛，奖项设置一等奖、二等奖、三等奖。另外，国赛入围现场决赛的团队，网络虚拟运营直接入围全国决赛，入围团队可以选择参与或不参与网络虚拟运营专项决赛，若选择参加，必须保证网络虚拟运营参加成员与国赛答辩成员一致。

第八届“挑战杯”中国大学生创业计划竞赛中，全国挑战杯组委会专门设置了项目特色奖，对进入国赛现场决赛并参与公开答辩的团队，秉着好中选优、精益求精的原则评选了项目特色奖及最具潜力投资奖等。

根据第十三届“挑战杯”竞赛组委会安排，“挑战杯”竞赛增设了“累进创新奖”和“交叉创新奖”各若干项，以顺应交叉学科学术研究和人才培养的趋势，引导和鼓励大学生吸收融合不同学科研究对象、研究视角、研究方法和研究工具，丰富知识和研究能力体系。其中，“累进创新奖”的申报作品须为已参加过往届“挑战杯”全国大学生课外学术科技作品竞赛全国竞赛的作品，符合下列一条或几条：（1）较之前参赛时有重要研究进展；（2）在作品孵化方面有明显成果；（3）学校通过设立累进支持基金、实施创新人才培养计划等方式对较长周期的参赛项目提供持续支持，对参赛队员进行跟踪培养；（4）参赛项目被党和政府相关部门、社会机构采纳并结合实践加以完善，在推动地方经济社会发展中发挥积极作用。“交叉创新奖”的参评作品须入围“挑战杯”全国大学生课外学术科技作品竞赛全国竞赛，涉及两个及以上学科，在研究对象、研究视角、研究方法、研究工具等方面突出体现作者的跨学科研究能力。

（三）大学生数学建模竞赛

全国大学生数学建模竞赛创办于1992年，是全国高校规模最大的基础性学科竞赛，也是世界上规模最大的数学建模竞赛。数学建模竞赛每年9月举行，面向全国大专院校的学生，不分专业，但竞赛分本科、专科两组。本科组竞赛所有大学生均可参加，专科组竞赛只有专科生（包括高职、高专生）可以参加。竞赛题目一般来源于工程技术和管理科学等方面经过适当简化加工的实际问题，不要求参赛者预先掌握深入的专门知识，只需要学过高等学校的数学课程。题目有较大的灵活性，可供参赛者发挥其创造能力。参赛者要根据题目要求，完成一篇包括模型的假设、建立和求解、计算方法的设计和计算机实现、结果的分析和检验、模型的改进等方面的论文（答卷）。竞赛评奖以假设的合理性、建模的创造性、结果的正确性和文字表述的清晰程度为主要标准。

全国大学生数学建模竞赛与通常的数学竞赛不同，它来自实际问题或有明确的实际背景。它的宗旨是培养大学生用数学方法解决实际问题的意识和能力，整个赛事是完成一篇包括问题的阐述分析、模型的假设和建立、计算结果及讨论的论文。通过训练和比赛，大学生不仅用数学方法解决实际问题的意识和能力有很大提高，而且在团结合作发挥集体力量攻关以及撰写科技论文等方面将会得到十分有益的锻炼。

（四）大学生机械创新设计大赛

全国大学生机械创新设计大赛是经教育部高等教育司批准，由教育部高等学校机械学科教学指导委员会主办，机械基础课程教学指导分委员会、全国机械原理教学研究会、全国机械设计教学研究会、北京中教仪人工智能科技有限公司联合著名高校共同承办，面向大学生的群众性科技活动。大赛的目的在于引导高等学校在教学中注重培养大学生的创新设计意识、综合设计能力与团队协作精神；加强大学生动手能力的培养和工程实践的训练，提高大学生针对实际需求，通过创新思维进行机械设计和工艺制作等实践工作能力；吸引和鼓励大学生踊跃参加课外科技活动，为优秀人才脱颖而出创造条件。实物参赛、机电结合、系统训练、创新应用是全国大学生机械创新设计大赛的突出特点。

（五）各类大学生专业技能竞赛

除上述大学生学术科技活动和比赛外，高校根据自身定位和专业优势，还会举办诸如大学生教师技能大赛、大学生电子商务挑战赛、计算机辅助设计大赛、光电设计大赛、智能制造挑战赛、模拟法庭、广告艺术设计、创业挑战赛等各类大学生技能竞赛活动，以赛促学，以赛代练，在竞赛中提升大学生的专业本领和实践技能。

三、学术科技活动的路径创新

新时代全国各高校普遍重视大学生学术科技创新能力的培养，各类学术科技活动的开展也充分体现了高校实践育人的良好效果，但不可否认的是，在这些活动中还存在学生参与面和参与度不够、教师指导不足、活动形式和内容较为单一、激励和保障机制不健全等问题，要解决这些问题，高校要在以下三个方面下功夫：

（一）统一思想，提高认识，将大学生学术科技活动纳入高校人才培养体系

中共中央、国务院《关于深化教育改革全面推进素质教育的决定》明确要求："高等教育要重视培养大学生的创新能力、实践能力和创业精神，普遍提高大学生的人文素质和科学素质。"创新人才培养模式的核心是注重"学思结合"和"知行统一"，而大学生学术科技活动就是培养创新型人才的有效载体。各高校要将大学生学术科技活动作为重要内容纳入人才培养工作整体格局中，以创新人才培养为目标，构建大学生学术科技创新模式，不断拓宽人才培养途径，提高人才培养的质量和水平。

第一，以大学生学术科技活动为载体，筑牢大学生的专业根基。用形式多样的大学生学术科技活动，引导大学生夯实专业基础，提升学习创新兴趣，反哺第一课堂的学习和校园内第二课堂活动的设计和开展，从而形成良性的循环机制。

第二，以大学生学术科技活动为载体，引导大学生运用专业知识服务社会。创新活动载体和形式，拓展活动领域，打造专业特色，提升大学生学术科技活动在大学生社会责任感培养中的作用，以活动引导学生学以致用，心在最高处，根在最深处，脚踏实地把学术科技论文写在祖国的大地上。

第三，以大学生课外学术科技活动为载体，引导大学生全面提升自身的综合素质。开展大学生课外学术科技活动，营造良好的学术环境，引导大学生在参与活动中不断激发创新的欲望，培养创新思维方式，提高自身的综合素质。

在大学生学术科技活动开展的过程中，应该避免以下几个方面的问题：首先，切忌形式化，走过场，不求实效。其次，切忌千篇一律，必须结合大学生专业特点和成长需求不断创新活动内容和形式。最后，切忌指导和管理不到位，把关不严。

（二）发挥优势，扎实推进，营造大学生学术科技创新的良好育人环境

第一，充分调动教师参与工作的积极性，挖掘教师的育人潜力。广大教师的积极参与是大学生学术科技活动取得实效的重要条件，要完善激励教师参与学术科技指导的相关制度，不仅要进行精神鼓励，而且要进行必要的物质激励，体现指导教师的工作价值，从而激发广大指导教师的工作热情，实现全员育人。

第二，发挥专业优势，形成特色。推进大学生学术科技活动的根本目的是促进大学生全面发展，提高大学生综合素质，而不仅是摘取几项国家级或省级奖项。高校每个专业都有独特的领域、广阔的舞台。只要充分发挥广大师生的积极性、主动性和创造性，积极探索，勇于创新，就一定能找准方位、厘清思路，激发学术科技的内生动力，形成富有专业特色、深受大学生喜爱的学术科技品牌活动。

（三）立足长远，着眼创新，为深入开展大学生课外学术科技活动提供有力保障

第一，完善项目化运作，使活动管理更规范、效果更明显。高校应加大大学生学术科技活动的项目化运作力度，筑牢平台，激发大学生参与学术科技活动的内生动力。尝试大学生科研项目招标等方式，设立大学生学术科技活动专项资金，推动各项学术科技活动的顺利开展。

第二，完善学分制等长效机制，扩大活动的覆盖面。积极参与大学生课外学术科技活动，不是少部分大学生的需要，而是全体大学生的需要；不是一时的工作任务，而是大学全过程的育人要求。高校要想方设法调动大学生的积极性，充分利用多种宣传教育手段，使每一位大学生都深刻理解参与活动的重要意义，让想参与的大学生都能参与进来，扩大活动覆盖面和受益面。将课外学术科技活动活动与大学生的学分紧密结合，积极探索切实可行的教育教学改革方案，建立长效机制，实现持续性发展。

第三，实施精品化战略，打造活动品牌。围绕大学生学术科技活动的项目规划、组织实施、参与情况、活动效果等方面探索建立科学的评价体系，将每一项大学生学术科技活动都作为一个品牌去经营，使活动的吸引力更大、科技含量更高、影响力更强。

四、学术科技活动的考核评价

高校要成立大学生学术科技活动领导小组，由主管教学、科研或学生工作的校领导任组长，宣传部、学生处、教务处、科研处、研究生处、团委等部门负责人为成员，秘书处设在学校团委。领导小组每年要开展大学生学术科技专项工作考核，并将考核结果作为评价机关职能部门、院系年度工作的一项重要指标。

鼓励大学生在校期间主动参与各项学术科技活动，积极参加学术讲座、学术论坛、学术竞赛、技能竞赛、科研开发、成果展示等活动，自主申报科研项目，撰写学术论文或调查报告。大学生参与学术科技活动的情况和学术科技成果的完成情况，经活动组织单位考核和专家鉴定，可给予一定的学分奖励，其毕业时在同等条件下可优先推荐就业，评奖评优时在同等条件下可优先考虑。对于在各项学术科技作品竞赛中获奖的大学生，高校还应给予专项表彰和奖励。

高校教师指导大学生参加学术科技活动或科研课题者，可参照指导大学生完成毕业论文或毕业设计计入相应的教师工作量，作为职称评聘或岗位晋升的一项重要依据。对指导大学生参加学术科技作品竞赛并获奖的教师，高校还应给予专项表彰和奖励。

第二节　文化艺术活动

文化艺术是指用语言、声音、文字、绘画、雕塑、建筑、美术、书法、摄影、电影、电视、舞蹈等各种艺术表现方式体现出智慧群族的文化特性。古今中外，只要有人的地方就有文化艺术。无论在哪个历史时期、哪个民族和国家，文化艺术都是人们生活中必不可少的一部分。文化艺术滋润着人们的心灵，丰富着人们的经验，陶冶着人们的情操。没有文化艺术，人们的生活就会缺少色彩和光泽。

大学生文化艺术教育的目的是充分开发大学生的潜能，培养大学生的创新思维能力，促进大学生个性发展和人格完善。文化艺术教育的特殊性在于，从文化艺术中大学生可以获取关于自身和世界的知识、信仰和价值，这些是其他学科所不能提供和代替的。大学生文化艺术教育既包括第一课堂的音乐、舞蹈、器乐、戏剧、书法、绘画等必修或选修课程，也包括第二课堂的大学生文化艺术活动。其中，大学生文化艺术活动是高校发挥校园文化的实践育人功能，促进大学生全面发展的重要育人平台。

一、文化艺术活动的目的意义

高校举办大学生文化艺术活动的目的是加强大学生思想政治教育工作，丰富校园文化生活，提高大学生的综合素质和能力，培养大学生自信、开放、创新的意识，展示大学生乐观积极、敢于拼搏、锐意进取的精神风貌。多姿多彩的大学生文化艺术活动既给大学生提供了放松大脑、放飞心情的空间，又给大学生提供了施展才华、张扬个性的舞台，同时也能让大学生在潜移默化中接受美的教育和艺术的熏陶。高校举办大学生文化艺术活动，不仅是对大学生文化艺术水平的检阅，也是对高校素质教育和实践育人成效的检阅，为展现大学生的青春风采和精神风貌提供了广阔的舞台。

高校举办大学生文化艺术活动的意义：第一，丰富大学生的文化生活，以丰富多彩、富有特色、积极向上、喜闻乐见的各类文化艺术活动与比赛激发大学生对生活的热爱、对美的向往，活跃校园文化氛围。第二，培养大学生的兴趣，陶冶大学生的情操，以艺载德、以艺促智，使大学生在兴趣与动机、自信与意志、态度与习惯等方面获得发展。第三，促进沟通交流，发掘大学生的潜力，发挥大学生的艺术特长，发现人才，培养人才，为大学生提供寻找志同道合的朋友和相互学习、共同进步的机会，增强团队意识和集体荣誉感。第四，发挥大学生的主动性和创新精神，开阔大学生的视野，锻炼大学生的实践能力，展现大学生的青春风采。

二、文化艺术活动的主要形式

大学生文化艺术活动生动活泼、形式多样、异彩纷呈，是高校最受大学生欢迎和喜爱的校园文化之一。大学生文化艺术活动的主要形式包括大学生文化艺术节、大学生艺术展演或文艺竞赛、高雅艺术进校园、文艺晚会等。

（一）大学生文化艺术节

大学生文化艺术节是高校整合现有的校园文化艺术活动内容和项目，集中在一段时间内开展，以形成声势和规模，营造有利于大学生健康成长的社会氛围和校园氛围的一种实践育人方式。在大学生文化艺术节期间，通过集中开展丰富多彩的校园文化活动，引导大学生加强文化艺术修养，提高综合素质，促进德智体美劳全面发展。

（二）大学生艺术展演或文艺竞赛

全国大学生艺术展演活动由教育部举办，是展示高校艺术教育成果和大学生青春风采的艺术盛会，是我国规格最高、规模最大、影响最广的大学生艺术盛会。全国大学生艺术展演活动的项目分为艺术表演类、学生艺术实践工作坊、学生艺术作品类（含学生艺术作品和高校校长书画摄影作品）、高校艺术教育科研论文报告会四大类。其中，艺术表演类包括声乐、器乐、舞蹈、戏剧和朗诵；学生艺术实践工作坊包括艺术与校园、艺术与生活、艺术与科技三部分；学生艺术作品类包括绘画、书法、篆刻、摄影、设计、微电影；高校校长书画摄影作品包括绘画、书法、篆刻、摄影。

艺术表演、艺术实践工作坊和学生艺术作品三类的参加对象为全日制普通高校的在读本科生、专科生以及全脱产研究生，分为甲、乙两个组别；甲组为非艺术类专业的学生，乙组为艺术类专业的学生；艺术表演和艺术作品以非艺术类专业学生为主，艺术实践工作坊以艺术类专业学生为主。高校校长书画摄影作品的参加对象为各高校校级党政领导干部。高校艺术教育科研论文的报送对象为全国普通高校教师和管理人员，有关教科研单位人员、教育行政部门管理人员等。

全国大学生艺术展演设优秀组织奖、艺术表演奖、学生艺术工作坊奖、艺术作品奖、指导教师奖、优秀创作奖、校长风采奖和论文奖等奖项。

（三）高雅艺术进校园

为全面实施素质教育，促进高校美育的健康发展，自2006年开始，教育部、文化部、财政部三部委每年联合举办以高校大学生为受众，由政府购买文化服务的普惠艺术教育项目——高雅艺术进校园。活动以高雅的经典曲目、剧目为主要演出内容，把代表人类优秀文化的艺术作品送进校园。活动坚持“育人为本，面向全体，改革创新，合作发展”的原则，以达到“润物无声，育人无形”的效果，促进大学生全面发展。活动建立了规范的制度体系、严谨的工作机制、严格的监督机制、多元的评价机制，成为推进高校美育改革发展，提高大学生审美和人文素养的有效途径，成为全国知名的美育教育品牌。

高雅艺术进校园活动的演出剧目包括中国传统经典剧目、中国现代经典剧目、民族优秀剧目和西方经典剧目四个类别，兼顾中国经典和西方经典剧目、传统和现代剧目，并且十分注重弘扬优秀传统文化和民族文化。活动面向大学生，深受大学生喜爱，演出现场常常座无虚席。高雅艺术进校园活动在丰富大学生的精神世界与学习生活、提高大学生艺术修养等方面发挥了重要作用，同时，许多大学生也在活动中感受到了对优秀民族文化的强烈认同感与传统文化的魅力。

（四）文艺晚会

大学生文艺晚会是高校在校内外组织开展的节庆晚会（如新年文艺晚会、五四文艺晚会、七一文艺晚会、中秋文艺晚会、国庆文艺晚会、校庆文艺晚会等）和专题晚会（“三下乡”文艺晚会、军训文艺晚会、各类活动颁奖文艺晚会等）的总称。晚会以大学生为演出主体，在教师的指导下由大学生自编、自导、自演，并自行组织策划。文艺晚会在大学生群体中有广泛的群众基础，是深受大学生喜爱的一种艺术形式，也是高校校园文化中的一道不可缺少的文化大餐。

（五）各类大学生文化艺术竞赛

除上述专项文化艺术活动外，高校还会从文化艺术的不同角度，组织开展各类专项赛事，丰富大学生的文化艺术生活。例如，文化类的知识竞赛、诗词大会、大学生辩论赛、朗诵比赛、演讲比赛；再如，艺术类的声乐比赛、器乐比赛、舞蹈比赛、戏剧比赛、绘画比赛、书法比赛、篆刻比赛、摄影比赛、设计微电影比赛；等等。这些丰富多彩的文化艺术赛事活动在提高大学生审美能力和人文素养，促进大学生德智体美劳全面发展等方面，均起到积极的促进作用。

三、文化艺术活动的路径创新

2019年4月，教育部印发《关于切实加强新时代高等学校美育工作的意见》，对新时代高校美育改革和发展提出明确要求。大学生文化艺术活动是高校美育的重要组成部分，也是高校实践育人的关键一环。新时代要进一步组织好开展好大学生文化艺术活动，以美育人、以美化人、以美培人。与此同时，高校在具体工作中还必须认真把握以下几个要点：

（一）坚持普及与提高相结合，让更多大学生成为文化艺术活动的参与者和受益者

高校大学生文化艺术活动不应该是精英活动，而应该是普及性活动，让每个大学生在感受美、表现美、鉴赏美、创造美的过程中，提高审美品格和人文素养。根据高校美育改革发展的需要，大学生文化艺术活动在内容的设计上要注重强调大学

生的群体性参与。为此，高校应坚持重心下移，层层推进，以院、系、学生社团为单位，广泛开展形式多样、健康向上、格调高雅的校园文化活动，广泛开展各类文化艺术实践，发动大学生广泛参与，给大学生提供丰富多彩的艺术实践活动菜单，努力让每个大学生有机会参加至少一项文化艺术活动。高校大学生文化艺术活动要与高校公共艺术课程、大学生艺术社团、校园文化建设相结合，与重大历史事件纪念日和中华民族传统节庆相结合，以普及促进提高，以提高带动普及。

（二）坚持中华优秀传统文化与中国特色社会主义先进文化相结合，坚定大学生的文化自信

高校大学生文化艺术活动肩负着弘扬中华优秀传统文化，传承中华文化基因，坚守中华文化立场，同时传播富有时代气息的先进文化，展现新时代大学生风采的重任。高校大学生文化艺术活动的内容和形式必须有别于社会流行文化和时尚娱乐文化，应坚持育人为本、以德为先，以社会主义核心价值观为引领，注重以美育人，以文化人，体现真善美的校园文化特质。高校要切实把握实践育人导向，用润物无声的艺术浸润大学生的心灵，传递向善向上的价值观。探索建立高校大学生文化艺术活动常态化、制度化机制，凸显活动的鲜明特色和品牌效应，把大学生文化艺术活动列入高校年度工作计划，落实专项经费，制定工作方案，真正确保活动落到实处。要努力把大学生文化艺术活动打造成为真善美的展示平台和传播平台，把先进的文化导向贯穿活动始终，把崇高的价值、美好的艺术融入活动全过程，体现出鲜明的时代特征、校园特色和学生特点，提高大学生的审美品位和精神追求，引领新时代高雅文明的美好风尚。

（三）坚持创意与创新相结合，搭建全方位立体化的实践平台

作为高校实践育人的重要环节，大学生文化艺术活动在坚持集体性、参与性的同时，还应关注互动性、体验性，不只是让大学生当观众，还要让大学生参与到各项艺术创新与艺术实践中。各高校要结合人才培养实际，创新发展理念，注重活动形式和内容的创新，突出“创意与创新”的主题，围绕“艺术与校园”“艺术与生活”“艺术与科技”等方向，设计活动形式与内容，为大学生的创意理念转化为现实作品搭建广阔平台。

（四）坚持高校主导与多方联动相结合，赢得良好的社会反响

高校大学生文化艺术活动是全面推进素质教育，加强和改进大学生思想政治教育，建设社会主义和谐文化的重要举措。高校要充分认识活动的重要意义，进一步加强对大学生文化艺术活动的组织领导，明确任务，落实责任，精心策划，广泛发动，切实提升校园文化内涵，促进大学生全面发展。高校要协调政府、社会团体等各方力量，整合资源，多方联动，构建顺畅高效、保障有力的主办、承办、协办机制，规范活动的组织模式，确保正确的方向，赢得良好的社会反响，提升活动的实效性。要加强对活动的宣传，充分发挥各级新闻媒体的作用，利用广播、电视、报纸、网络等方式对大学生文化艺术活动进行广泛的宣传报道，打造活动品牌，营造良好的舆论氛围，扩大社会影响力。

四、文化艺术活动的考核评价

要进一步完善高校大学生文化艺术活动的评价体系，把文化艺术活动及效果作为办学评价的重要因素纳入高校人才培养工作评估的指标体系之中。研制艺术人才培养评价标准，在评价过程中应注重过程评价与效果评价相结合，发挥专家组织和社会机构在评价中的作用，积极探索中国特色现代高校美育评价制度。

2006年教育部办公厅印发的《全国普通高等学校公共艺术课程指导方案》中就明确提出，“每个学生在校学习期间，至少要在艺术限定性选修课程中选修1门并且通过考核。对于实行学分制的高等学校，每个学生至少要通过艺术限定性选修课程的学习取得2个学分；修满规定学分的学生方可毕业”。这是对普通高校公共艺术课程学分做出的底线要求，有条件的高校可以在此基础上提出更高的学分目标，激励大学生广泛参与到文化艺术活动中来。

对在各类大学生文化艺术活动中涌现出的品牌活动、优秀集体、先进个人、优秀作品要进行专项表彰奖励。对表现突出的大学生，除奖励相应的艺术实践学分外，还应在各项评奖评优中优先考虑。对表现突出的指导教师，给予工作量奖励，并作为职称评聘或岗位晋升的一项重要依据。

第三节 体育活动

体育，顾名思义，是身体的教育，体育一词最初是作为教育的一部分出现的。体育的概念有广义与狭义之分。广义的体育，一般是指体育运动，其中包括体育教育、竞技运动和身体锻炼三个方面；狭义的体育，一般是指体育教育。教育功能是体育最基本的社会功能。而所谓的体育教育，是指根据人体生长发育、技能形成和机能提高等规律，达到促进人的全面发展、提高身体素质与全面教育水平、增强体质与提高运动能力、改善生活方式与提高生活质量的一种有意识、有目的、有组织的社会活动。体育可分为大众体育、专业体育、学校体育等种类，包括体育文化、体育教育、体育活动、体育竞赛、体育设施、体育组织、体育科学技术等诸多要素。随着国际交往的扩大，体育事业发展的规模和水平已成为衡量一个国家社会发展程度的一项重要标志，也成为国家之间外交及文化交流的重要手段。

对大学生而言，扎实的专业基础、良好的心理素质、顽强的意志品质、健康的体魄是当代大学生应该具备的整体综合素质，其中健康的体魄是最重要也是最根本的，因为没有良好的身体素质，其他一切都无从谈起。

高校对大学生开展的体育教育包括体育教学和体育活动两方面，其中体育教学是向大学生传授体育知识、技术与技能，有效地发展大学生身体，增强大学生体质的第一课堂；而体育活动则是借助生动活泼的活动或竞技形式，让大学生更自由、更开心、更充分地接触体育、了解体育、发展体育，获得身心的健康发展，达到实践育人目标的第二课堂。

一、体育活动的目的意义

高校组织开展大学生体育活动的目的，简言之就是“强身健体”，让大学生在轻松明快的环境中，在欢快愉悦的心境下，自由自在、无忧无虑、不知不觉地增强体质，增进健康，培养大学生终身体育的意识、习惯和能力。与此同时，体育活动还可以培养大学生集体主义精神，提升团结友爱、关心他人、互助合作的思想和意识，培养竞争意识和胜不骄败不馁的精神，塑造坚韧不拔、勇敢顽强、机智果断等优良的意志品质以及心情愉快、活泼开朗的良好性格。所以说，体育活动在致力于对大学生进行身体改造的同时，也无形中促进了大学生的心理发展，对高校实践育人具有重要意义。

高校组织开展大学生体育活动的意义主要体现在以下四个方面：

第一，增强大学生体质，为培养大学生健康的人格提供物质基础。体育活动不仅能够让大学生强身健体，而且处处体现着育人功能。体育对于帮助大学生陶冶情操、启迪智慧、壮美人生，对于培养大学生团结、合作、奉献、友爱的精神，对于锤炼大学生意志品质、自信心、心理调节能力以及健康生活方式均有积极的作用。

体育既是素质教育的重要内容，又可以通过育体进而全面育人。没有体育，素质教育就无法落实。人的心理是人脑的有机体，人脑是人体的一部分，心理健康的发展必须以正常发展的身体，尤其是以正常健康发展的神经系统和中脑为物质基础。通过体育活动，促进大学生身体健康发展，为心理发展提供物质基础。

第二，增强大学生意志，培养永不放弃的意志品质。体育活动一般都具有艰苦、疲劳、激烈、紧张、对抗性强等特点，大学生在参加体育活动时，总是伴随着强烈的情感体验和明显的意志努力。因此，体育活动本身可以培养大学生勇敢顽强、吃苦耐劳、坚持不懈、克服困难、机智灵活、沉着果断、谦虚谨慎、团结友爱等优秀品质，培养大学生爱国主义和集体主义精神，保持健康向上的心理状态。

第三，宣泄不良情绪，锻炼大学生良好的心理素质。体育活动可以调节心情，振奋精神，有助于大学生不良情绪的宣泄。心理疾病与人长期情绪低落、烦躁、压抑等有关。神经心理实验研究表明，当人体进入运动状态时，在大脑中主管情感的右半球立即兴奋起来，参与者会进入一种愉悦的氛围中，体会到成功的快感，达到精神振奋的状态。大学生由于持续紧张的学习，极易造成身心疲劳和精神衰弱。积极参加体育活动，可以使大学生身心放松，将长期压抑的情绪宣泄出来，改善不良心理反应。

第四，增进大学生人际交往，促进身心和谐。高校大学生体育活动以群体形式居多，需要互助合作，这就为大学生提供了增进交往的机会，是锻炼大学生人际交往能力的有效手段。在许多场合，体育活动的成员都是自由组合而成的，这些参与者通过彼此在活动中的联系，构成了一个个特殊的社会群体。群体成员对体育活动共同的行为倾向和价值观，增进了群体内部的沟通交流，减轻了个人的孤独感，有利于良好人际关系的建立。在体育活动中，大学生的交往较为直接、轻松、随意，在友好的气氛中进行，很容易消除大学生对人际交往的紧张心理，陶冶大学生性格。并且，活泼欢快的体育活动本身也具有心理保健和情绪调节功能，是避免大学生人格偏差，增进大学生群体适应性的良好手段。

二、体育活动的主要形式

高校实践育人体系下的大学生体育活动主要有普及性的军训、广播体操、阳光长跑、体能训练与测试，以及竞技性运动会、趣味运动会、球类竞赛、棋类竞赛等形式。

（一）军训

军训是大学生接受国防教育的基本形式，是培养“四有”新人的一项重要措施，是培养和储备我军后备兵员及预备役军官，壮大国防力量的有效手段。

军训的目的是通过严格的军事训练，提高大学生的政治觉悟，激发爱国热情，发扬革命英雄主义精神，培养艰苦奋斗、吃苦耐劳的坚强毅力和集体主义精神，增强国防观念和组织纪律性，养成良好的学风和生活作风，掌握基本军事知识和技能。通过军训的实际训练，帮助大学生养成坚韧不拔的意志品质，在增强大学生体质的同时，促进他们精神品格的形成与发展。

（二）广播体操

广播体操，又称课间操，是一种徒手操，不需要器械，只要在有限的场地就可以开展，通常跟随广播进行锻炼，也可以用口令指挥节奏。

广播体操每一节动作都有一定的作用，如扩胸运动，不仅可以锻炼胸部、背部和肩胛部的肌肉，对矫正姿势（轻度的驼背、窄胸等）也有好处。因此，做广播体操能使身体各部分的关节、肌肉、韧带都得到锻炼，增加氧气和养料的需求，加快呼吸、脉搏和血液循环，从而促进人体的新陈代谢，提高人体各器官的功能。

高校一般会将广播体操安排在课间，让大学生从紧张的学习中抽出身来，调节自己的身心。

（三）阳光长跑

阳光长跑是教育部和国家体育总局贯彻落实中央精神、开展阳光体育运动、提高大学生体质健康水平，特别是耐力素质水平而开展的活动。各高校结合实际也纷纷组织了不同形式的阳光长跑、健康跑等活动，增强大学生的体质健康水平。

（四）体能训练与测试

大学生体能测试是检测每个大学生身体素质的一项考试。根据《学生体质健康标准》的要求，大学生需要完成六项测试，即身高、体重、肺活量、台阶试验、50米跑或立定跳远（选测一项）、握力或仰卧起坐（女生）或坐位体前屈（选测一项）。在体能测试时，对五项指标进行评价，以100分进行记分，各项评价分数的加权分值是：身高标准体重15分、台阶指数20分、肺活量体重指数15分、50米跑或立定跳远30分、握力体重指数或仰卧起坐或坐位体前屈20分。

大学生体能测试旨在通过对大学生进行体质测定，评价大学生体质状况和体育锻炼效果，督促大学生关注身体健康，积极参加体能训练，提升身体素质。

（五）竞技性运动会

高校体育运动会，作为高校教育教学工作的一个组成部分，不仅在高校的体育工作中扮演重要角色，在高校的德育工作中也发挥巨大的作用。高校一学期或一学年开展一次体育运动会，不仅可以锻炼大学生身心，活跃校园气氛，而且还可以增强大学生的集体观念，培养大学生团结合作的精神，促进终身体育观的形成。

全国大学生运动会每四年举办一届，坚持“团结、奋进、文明、育人”的宗旨，坚持“突出教育特色、讲求综合效益”原则。全国大学生运动会设田径、游泳、足球、篮球、排球、乒乓球、武术、健美操、定向越野、跆拳道、毽球、桥牌等比赛项目。全国大学生运动会期间还会召开高校体育工作会议，举行大运会“校长杯”评选和科学论文报告会等活动。

世界大学生运动会是由国际大学生体育联合会主办，只限在校大学生和毕业不超过两年的大学生（年龄限制为17—28岁）参加的世界大型综合性运动会。世界大学生运动会始办于1959年，前身为国际大学生运动会，素有“小奥运会”之称，是世界大学生体育运动竞技的盛会。

（六）趣味运动会

趣味运动会是运动会的延伸，是将一个个体育运动项目进行规则修改，令其变成趣味运动项目，以提升运动健身的趣味性和参与度的体育赛事。高校趣味运动会的项目种类繁多，有两人三足、托球往返跑、迎面接力、拔河、老鹰捉小鸡等。趣味运动会因新颖有趣、参与性强、气氛活跃而深受大学生的欢迎和喜爱。

（七）各类大学生体育竞赛

除运动会和趣味运动会等集中的体育赛事外，高校还会定期或不定期举办一些球类比赛、棋类比赛、游泳比赛、滑冰比赛、健美操比赛等大学生体育竞赛活动，培养大学生的体育精神，丰富校园文化生活。

三、体育活动的路径创新

立足新时代，把学校体育工作摆在更加突出的位置，进一步推动学校体育教育的改革发展，促进大学生身心健康、体魄强健，高校应以“天天锻炼、健康成长、终身受益”为目标，改革创新工作体制机制，全面提升体育教育的质量，健全大学生的人格品质，切实发挥体育在培育和践行社会主义核心价值观、推进素质教育中的综合作用，培养德智体美劳全面发展的社会主义建设者和接班人。

（一）坚持课堂体育教学与课外体育活动相衔接

高校要将体育纳入人才培养方案，把体育课程与创新人才培养结合起来，培养具有崇高精神追求、高尚人格修养的高素质人才。

以培养大学生体育兴趣、养成锻炼习惯、掌握运动技能、增强学生体质为主线，完善高校体育课程，为大学生开好体育必修课或选修课。配齐配强体育教师，缓解体育师资不足的问题。教会大学生科学锻炼和健康知识，指导大学生掌握跑、跳、投等基本运动技能和足球、篮球、排球、田径、游泳、体操、武术、冰雪运动等专项运动技能。进一步挖掘和整理民族民间体育，充实和丰富体育课程内容。保证体育课程时间，提升课堂教学效果，强化课外练习和科学锻炼指导，确保大学生每天锻炼一小时。关注大学生体育能力和体质水平差异，做到区别对待、因材施教。明确体育课程学业质量要求，大学生体质健康达标、修满体育学分方可毕业。

健全体育锻炼制度，高校要将大学生在校内开展的课外体育活动纳入教学计划，列入大学生作息时间安排，与体育课教学内容相衔接。广泛开展普及性体育运动，定期举办大学生运动会或体育节，组建体育兴趣小组、体育类社团和俱乐部，推动大学生积极参与常规课余训练和体育竞赛。定期开展阳光体育系列活动和“走下网络、走出宿舍、走向操场”主题群众性课外体育锻炼活动，坚持每年开展大学生冬季长跑等群体性活动，形成覆盖校内外的大学生课外体育锻炼体系。合理安排校外体育活动时间，促进大学生养成终身锻炼的习惯。

（二）实现培养体育兴趣与提高体育技能相促进

遵循教育和体育规律，以兴趣为引导，注重因材施教和快乐参与，重视大学生运动技能的培养，逐步提高大学生运动水平。

高校应通过组建运动队、代表队、社团、俱乐部或兴趣小组等形式，积极开展大学生课余体育训练，为有体育特长的大学生提供成才路径，为国家培养竞技体育后备人才奠定基础。要根据大学生的年龄特点和运动训练规律，科学安排训练计划，妥善处理好文化课学习和运动训练的关系，全面提高大学生身体素质，打好专项运动能力基础，不断提高课余运动训练的水平。

（三）确保普及性体育活动与各类体育竞赛相协调

面向全体学生，广泛开展普及性体育活动，同时有序开展体育竞赛和课余训练，大力营造校园体育文化氛围，全面提高大学生的体育素养。

推广中华传统体育项目，认真梳理武术、摔跤、棋类、射艺、龙舟、毽球、五禽戏、舞龙舞狮等中华传统体育项目，因地制宜地开展传统体育教学、训练和竞赛活动，形成中华传统体育项目竞赛体系。涵养阳光健康、拼搏向上的校园体育文化，培养大学生爱国主义、集体主义、社会主义精神，增强文化自信，促进大学生知行合一、刚健有为、自强不息。

不断完善高校体育竞赛体系，建立常态化的校园体育竞赛机制，广泛开展班级、年级体育比赛。高校每年至少举办一次综合性体育运动会或体育节，通过丰富多彩的校园体育竞赛，吸引大学生积极参加体育锻炼。

（四）争取高校体育教育改革创新与社会力量支持相结合

高校要按照标准配齐体育教师和体育教研人员，加强体育教师队伍建设，增强体育教师的职业荣誉感，坚定体育教师长期致力于体育教育事业的理想与信心。科学合理地确定体育教师的工作量，把组织开展课外体育活动、学生体质健康测试、课余体育训练、体育竞赛等纳入体育教师的教学工作量。保障体育教师在职称（职务）评聘、福利待遇、评优表彰、晋级晋升等方面与其他学科教师享受同等待遇。完善符合体育学科特点的体育教师工作考核和职称（职务）评聘办法。

高校要保障体育工作的经费需求。整合各方资源支持学校体育，充分利用多种渠道募集资金，增加对体育教育的投入。

推进体育设施建设，加大对高校体育设施建设的支持力度。以保基本、兜底线为原则，建设好高校体育场地设施、配好体育器材，为体育教师配备必要的教学装备。争取地方和社会资源，充分利用青少年活动中心、少年宫、户外营地等社会资源开展体育教育活动。

四、体育活动的考核评价

高校要探索建立与体育教育多元性目标要求相适应、与体育教学评价的复杂性相适应的多元导向考核评价体系，实现评价主体的多元化、评价内容的全面化、评价方法的多样化、评价时机的全程化，以全面客观地反映大学生体育活动的实践育人效果。

一是完善体育考试评价办法。体育课程考核要突出过程管理，从大学生出勤、课堂表现、健康知识、运动技能、体质健康、课外锻炼、参与活动情况等方面进行全面评价。高校体育测试要充分考虑残疾大学生的特殊情况，体现人文关怀。修订体育教育本科专业学生普通高考体育测试办法，提高体育技能考核要求。

二是加强体育教学质量监测。建立健全大学生体质健康档案，严格执行《国家学生体质健康标准》，将其实施情况作为构建高校体育评价机制的重要基础，确保测试数据的真实性、完整性和有效性。加强高校体育督导检查，建立科学的专项督查、抽查、公告制度和行政问责机制。

第四节　社团活动

大学生社团是高校大学生自愿组成，为实现会员的共同愿望，按照其章程开展活动的非营利性群众组织。大学生社团可打破年级、系部甚至学校的界限，团结兴趣爱好相近的同学，发挥他们在某方面的特长，在保证大学生完成学习任务和不影响学校正常教学秩序的前提下，开展有益于大学生身心健康的社团活动。大学生社团的种类很多，有各种理论、学术、社会问题研究会，有文艺社、影视评论社、动漫社、摄影社、美工社、篆刻社、歌咏队、话剧团，还有篮球队、足球队、武术社、棋艺社，等等。在我国，高校大学生社团已经有一百多年的历史。目前，我国高校大学生社团一般由学校党委授权共青团组织对大学生社团进行管理和具体指导，由学生会积极配合和支持大学生社团的工作。

由高校大学生依据兴趣爱好自愿组成的学生社团，以其思想性、艺术性、知识性、趣味性、多样性的社团生活，吸引了广大学生积极参与其中，被认为是课堂之外的第二大育人载体。大学生社团活动之所以被认为是高校实施素质教育的重要途径和有效方式，其根本原因就在于大学生社团能够培养大学生与人相处、与人合作的能力，这对于提高大学生综合素质、引导大学生适应社会、促进大学生成才就业均具有重要意义。随着我国高等教育改革的深化，大学生成长成才的愿望也进一步增强。在这种形势下，大学生社团便得到了快速发展，呈现出积极、健康的态势，反映出当代大学生朝气蓬勃、积极向上的精神风貌。

一、社团活动的目的意义

大学生社团的活动以保证完成大学生的学习任务和不影响学校正常教学秩序为前提，以有益于大学生的健康成长和有利于学校各项工作的进行为原则。与大学生学术科技活动、文化艺术活动、体育活动不同的是，大学生社团活动由大学生社团自行组织开展，高校负责审批和监管。大学生对社团活动的内容、形式、覆盖面等具有更充分的自主权和决定权。举办大学生社团活动就是为了活跃高校校园文化氛围，提高大学生自我管理的能力，丰富大学生课余生活，交流思想，切磋技艺，互相启迪，增进友谊。

作为高校实践育人的重要载体、高校校园文化的重要组成部分，大学生社团活动的意义重大，主要表现以下在四个方面：

第一，增进大学生之间人际交往，拓展兴趣爱好。大学生社团是一群有着相同爱好的学生组织起来的兴趣集体，扮演着与高校内外各行各业各组织机构沟通交流的使者的角色。在社团中，大学生可以交到志同道合的朋友，可以一起组织和参加各种各样的社团活动，一方面可以提高大学生在某方面技能和特长，增强自身修养，陶冶情操；另一方面也可以增进大学生与周围同学的沟通交流，提高人际交往能力。每个学年，大学生社团都会招募新成员，大家集思广益，各显神通，相互配合做好社团的宣传和展示，以吸引新生的加入。这对社团来说是一个很好的推广机会，对大学生来说也是一个很好的锻炼平台。

第二，提升大学生自我教育、自我管理、自我服务、自我监督的能力。大学生社团是高校里的非营利性群众组织，必须自觉接受学校团委、各院系团委的领导，必须遵守宪法、法律以及学校各项规章制度。社团活动不得妨碍学校正常工作和教学、生活秩序。大学生社团的会员应当是具有正式学籍的在校大学生。大学生社团不得从事以营利为目的的经营性活动。因此，大学生组建起社团就必须按照上述要求管理好社团，组织好各项社团活动，建立健全社团的各项规章制度，培育社团的向心力和凝聚力，确保社团可持续发展。在大学生社团里，一般有社长、部长、干事等职位，实行竞争上岗的机制。这对大学生的组织能力、协调能力、管理能力都是一种考验，使大学生更有集体意识和责任意识。

第三，丰富大学生课余生活，提升高校校园文化内涵。蓬勃开展的社团活动已成为高校校园文化的主力。大学生社团活动可以最大限度地发挥大学生的兴趣爱好、创造力和潜能，开展有益于大学生健康成长的校园文化活动，丰富校园文化生活，提升校园文化内涵，发掘人才，使大学生的人生态度更加积极向上，促进大学生全面发展。

第四，畅通大学生与社会的交流渠道。高校大学生社团不仅给大学生提供了交流、锻炼的机会，而且还与社会连接，建立了学校与学校、社团与社团、大学生与大学生之间沟通联络的渠道，让社会更加了解大学生，也让大学生更加了解社会，共享资源，取长补短，共同为大学生健康成长服务。

二、社团活动的主要形式

大学生社团活动的形式与社团的类型和社团成员的兴趣爱好紧密相关。在我国高校注册成立的大学生社团常见的类型有思想政治教育类社团、学术科技类社团、文艺类社团、体育类社团、创新创业类社团、公益服务类社团等。每个大学生社团都会结合自身优势，有针对性地组织开展能够发展大学生某方面爱好与特长的校园文化活动。此外，高校每年还会为大学生社团搭建一些集中交流展示的平台。

（一）大学生社团文化节

作为高校校园文化的重要品牌，大学生社团文化节为各个社团提供了交流展示的舞台，在弘扬社团文化、扩大社团规模、促进社团发展、增进社团协作等方面起到了重要作用。在大学生社团文化节期间，各个社团都会组织形式多样、异彩纷呈的活动。活动结束后，高校会组织评比，表彰星级社团及品牌社团、大学生社团积极分子等先进集体和个人，提升优秀社团的影响力和认知度。

（二）大学生社团招新活动

每年大一新生入学以后，高校都会集中在一段时间内组织各个社团开展新会员招募活动，简称“社团招新”。招新现场，各个社团纷纷使出看家本领进行宣传展示，用精彩纷呈的表演，给新生带来视听盛宴。这种社团之间“打擂台”的方式，既为社团吸纳了新鲜血液，壮大了社团力量，又充分展示了社团风采，扩大了社团影响力。大学生社团招新活动因社团之间竞争激烈，又被大学生形象地称为“百团大战”。

（三）思想政治类社团活动

大学生思想政治类社团活动，是指各类大学生理论研究会、学会、政论社等开展的学术讲座、理论研讨、社会调查、政策宣讲等社团活动。

（四）学术科技类社团活动

大学生学术科技类社团活动，是指计算机协会、机器人爱好者协会、航空航天协会、数学建模协会、机电一体化协会、无人机俱乐部等开展的学术讲座、科普宣讲、科技展示等社团活动。

（五）文艺类社团活动

大学生文艺类社团活动，是指音乐协会、舞蹈协会、器乐协会、书法协会、绘画协会等开展的旨在提升大学生某方面文艺特长的社团活动。

（六）体育类社团活动

大学生体育类社团活动，是指足球协会、排球协会、篮球协会、羽毛球协会、乒乓球协会、围棋社、象棋社、轮滑协会、健美操协会等开展的旨在提升大学生某方面体育特长的社团活动。

（七）创新创业类社团活动

大学生创新创业类社团活动，是指大学生创业者联盟、KAB创业俱乐部、创新创意协会等开展的创新思维训练、创业指导、创新创业大赛等旨在提升大学生创新创业能力的社团活动。

（八）公益服务类社团活动

大学生公益服务类社团活动，是指志愿者协会、爱心协会、慈善协会、关爱农民工子女协会、助残协会、环保协会等开展的疫情防控、弱势群体帮扶、三下乡、环境保护、社区服务、文化传播等志愿服务活动。

三、社团活动的路径创新

大学生社团是高校贯彻党的教育方针、落实立德树人根本任务、推进素质教育、繁荣校园文化的重要阵地。根据共青团中央、教育部、全国学联关于学生会和学生社团的改革精神，新时代要切实推动大学生社团内涵式发展，更好地服务于大学生成长成才的总目标，高校还需在实践路径上进行创新。

（一）精准发力，规范管理，推动大学生社团改革落地见效

高校要认真研读团中央、教育部关于大学生社团改革的文件要求，全面摸排大学生社团的数量、规模、发展现状和存在的问题，以集中座谈和个别谈话的形式，

了解大学生社团发展的现实诉求，为社团改革奠定基础，确立方向。加强大学生社团改革工作的顶层设计和系统谋划，制定改革方案和改革时间表，突出重点，强化执行，注重实效，积极推动各项改革措施落地落实。

在大学生社团改革发展过程中，高校要加强工作指导，把握正确方向。高校党委要把加强和改进大学生社团工作纳入学校整体工作计划之中；高校团委要在党委的领导下，切实承担起对大学生社团的指导和日常管理工作；高校宣传、学生工作、教务、科研等部门要结合工作职能，为大学生社团的建设和发展给予支持，提供必要的指导；高校后勤等相关部门要加强对大学生社团活动的支持和帮助，形成党委领导、行政支持、团组织具体管理、各部门共同关心的大学生社团发展格局。要充分调动专业教师的积极性，选派有特长、有责任心的教师指导大学生社团建设，提高社团指导教师的积极性、主动性、创造性和工作水平。探索大学生社团双导师制，每个大学生社团配备专业教师和学生工作人员这两位指导教师，专业教师负责社团成员的业务指导，学生工作人员负责社团成员的思想政治工作，两位指导教师分工负责、相互配合，共同促进大学生社团的健康发展。

（二）催生动力，激发活力，提升大学生社团育人实效

大学生社团改革方案勾勒了社团改革发展的“路线图”，但要激发社团内部的“生命力”，高校还需建立起一套激励机制，打出一套物质奖励和精神奖励的“组合拳”。一方面，通过搭建星级社团、社团精品活动、大学生社团积极分子等评优创先的平台，鼓励大学生发挥主体作用，提升工作动力；另一方面，通过竞聘的方式，实现对大学生社团指导教师的聘任、考核和奖金激励，提高社团指导教师的积极性和成就感。

加强大学生社团骨干队伍建设，高度重视对大学生社团负责人的选拔和培养，选拔思想过硬、作风正派、素质全面、有社会工作能力的大学生担任社团负责人。要定期开展大学生社团负责人培训活动，有针对性地提高他们的综合素质。高校应把大学生社团负责人和骨干人员纳入团学干部体系，在推优评奖和综合测评等方面充分考虑他们从事社团工作及其业绩，通过他们凝聚更多的学生，使大学生聚集在党团组织周围。

高校要给大学生社团活动提供必要的经费，保证大学生社团活动的正常开展。积极支持和引导监督大学生社团通过吸纳社会赞助和提供有偿服务的方式募集活动资金。在活动场地、活动条件等方面给予大学生社团以优惠和支持，为大学生社团

开展活动提供有力的物质保障。

（三）多点突破，分类指导，助推校园文化发展繁荣

以习近平新时代中国特色社会主义思想为指导，坚持思想性、知识性、艺术性、多样性相统一，用大学生社团活动助推校园文化的发展繁荣，助力高校人才培养目标的实现。全面发力，建设齐抓共管的新格局，大力扶持理论学习型社团，热情鼓励学术科技类社团，正确引导兴趣爱好类社团，积极倡导公益服务类社团。

将大学生社团活动分为校级精品社团活动、品牌活动、会员活动、一般活动等不同类型，明确活动的主管业务部门，进行分类指导，严格活动审批制度，加强活动质量监管，发挥育人实效。集中力量建设一批特色鲜明、管理规范，在大学生心目中有广泛影响的社团，发挥其示范和带动作用。

引导大学生社团开展主题鲜明、涵育人心的活动，确保活动的思想性、艺术性和教育性，把大学生社团活动切实打造成校园文化活动的主阵地，助力高校实践育人目标的达成。积极探索网上社团活动、跨校社团活动、学生社团刊物与宣传活动的新路径、新办法，通过创新工作内容和形式，增强大学生社团和社团活动的吸引力和凝聚力。探索大学生社团思想引领、文化育人和实践育人相结合的新路径，纵深推进，大胆创新，促进大学生社团健康、规范、有序发展。

四、社团活动的考核评价

高校要把大学生社团活动作为学校贯彻党的教育方针，推进素质教育的重要组成部分，以育人功能和活动效果为主要指标，以年度考核为主要方式，综合评价大学生社团的活动和建设情况。以提质减量增效为原则，通过同类合并、末位淘汰的工作方式，在缩减大学生社团数量的同时，严格把控大学生社团的质量，促进大学生社团品质的提升。对活动组织不力、会员满意度低、不符合管理规定、未能发挥其繁荣校园文化作用的大学生社团进行注销；对内部组织建设体系完备、分工明确、会员积极性和主动性强的大学生社团，充分赋能，释放活力，树立品牌。

大学生社团的最终目标是让社团成员得实惠、提素质、共成长。高校要完善激励机制，把大学生参与社团活动的情况纳入综合测评体系之中。定期对表现优秀的学生社团、成效显著的社团活动、工作出色的社团负责人、积极参与社团活动的学生、成绩突出的社团指导教师和工作人员给予表彰和奖励。把学分制引入社团，通过开设必修课或选修课，让社团指导教师对社团成员进行系统培训，并开展实践活

动，考核通过的社团成员可奖励相应实践学分。

充分发挥高校的理论优势和智力资源，以专家学者、干部教师和学生骨干为主体构建大学生社团工作研究队伍，关注和研究大学生社团发展中出现的新情况、新问题，掌握大学生社团工作的动态信息，分析和总结大学生社团的发展规律，为大学生社团的繁荣发展提供理论支持。

第六章
新时代高校网络实践活动的路径创新

生长在21世纪的“当代大学生”与“70后”“80后”大学生截然不同，他们有强烈的自我意识、网络化的生活习惯、个性化的标签，被誉为“网络的一代”。当代大学生了解网络、熟悉网络、依赖网络，平日里喜欢在网络上表达思想观点，建立人际关系。网络的迅猛发展不断改变着大学生的生活习惯、思维方式、学习方式以及价值观念，同时也引发了高校人才培养在形态、内容、路径上的变化。

互联网的开放性和共享性，让信息网络时代的高校实践育人有了更加广阔的发展空间。信息网络技术与高校实践育人的深度融合，既是时代发展的大势所趋和必然要求，也是高校人才培养方式改革与创新的实践路径。

新时代高校实践育人不仅包括线下实践，还包括线上实践，也就是网络实践。大学生网络实践是高校为适应信息网络时代对人才培养提出的新要求，拓展大学生的网络表达能力，增强大学生的网络安全意识，推动大学生积极参与网络文化作品创作生产，增强立德树人的吸引力和实效性而开展的线上实践育人活动。如果说，线下实践主要锻炼大学生的沟通能力、动手能力和处理线下实际应用问题的能力，那么，网络实践则重点锻炼大学生的互联网信息检索能力、网络学习能力、线上调查能力、网络创新创业能力等处理线上实际应用问题的能力。因此，新时代高校实践育人必须坚持线上与线下相结合的原则，为大学生搭建不同层次、不同类型的实践平台，促进大学生健康成长与全面发展。

高校组织开展的大学生网络实践活动主要有网络课程、与网络技能相关的各项竞赛、网络安全教育等内容。

第一节　网络课程

网络课程，又被称为“线上课程”“云课程”或“空中课程”，是伴随互联网时代的兴起而诞生的一种新兴学习方式，是以互联网为平台为学习者提供视频、图片、文字、测试、互动等形式的系列学习教程。区别于线下实体课程，网络课程具有灵活、丰富、便捷、多样等优点，被越来越多的学校、家长和大学生采纳并使用。

网络课程一直以来都是线下实体课程的重要补充，尤其是2020年以来，面对全球严峻的新冠肺炎疫情，各类学校采用延期开学的方式阻断疫情向校园蔓延。要保持学生学习的连贯性，做到停课不停学，网络课程就显得必不可少了。对于大学生而言，网络课程可以打破线下实体课程时间和空间的局限，无论何时，无论身在何处，只要有网络和电子设备，就可以利用碎片化的时间学习。而且网络课程中的视频、图片和资料可以反复观看，大学生能针对自己的学习情况和不足，有选择地进行强化训练，提升学习效果。因此，网络课程逐渐成了大学生网络实践活动的重要组成部分，进而成为高校实践育人体系中必不可少的重要环节。

一、网络课程的利与弊

网络本身就是一把“双刃剑”，所以网络课程对大学生成长成才和高校实践育人来说，也是既有利又有弊的。新时代高校在运用网络开展实践育人工作时，必须权衡利弊，兴利去弊，真正让网络为高校人才培养服务。

相较于线下实体课程，网络课程的优势十分明显，主要体现在：

第一，国家政策鼓励并支持。教育部明确要求每所学校都要有一个课堂，强调网络课程要从“新鲜感”走向“新常态”。

第二，有助于提高教学质量。网络课程往往采用名师授课，教学水平较高，课程针对性较强，大学生不出校园便可以享受优质师资，反复观看学习，及时互动，对提升学习效果大有帮助。

第三，有助于提高教师上课效率。网络课程操作便捷，可实时生成课堂考勤、回答问题、测试等相关数据，有助于提高教师的上课效率，因材施教，提升教师教学的主动性和积极性。

第四，有助于减轻经济负担。网络课程琳琅满目，应有尽有，可以更好地满足大学生的多样化需求。而且网络课程减少了线下课程的师资、交通等成本，性价比较高，让大学生花较少的钱便可获取较好的学习体验。

第五，有助于提高大学生学习成绩。网络课程的自主性让每个大学生都可以不受时间和空间的限制，结合自身实际有选择地进行学习。网络课程寓教于乐，符合当代大学生的审美情趣，容易吸引大学生的注意力和积极性，提高学习成绩。

与此同时，我们也不能忽视网络课程所带来的问题与不足：

第一，网络教学资源良莠不齐，教学资质存疑。在网络课程中，教师教学水平的差异较大，既有真正的名师，也有“伪名师”。对网课平台的教学资质和教师身份没有严格的监管体系，导致网络课程的教学质量往往无法保证。

第二，网络课程中师生互动不足，缺乏课堂监管。教师在网络的一端，大学生在网络的另一端，教师无法及时掌握每一位大学生的学习情况和感受，也难以对大学生形成约束力，容易引发大学生偷懒、应付、作弊的心理。

第三，网络课程对信息技术运用的能力和设备的要求较高。网络教学，尤其是直播式教学，要求教师熟练掌握网络信息技术，确保网络畅通、设备顺畅。大学生在学习的过程中同样也需要技术和设备支撑。一旦出现故障，教学便无法正常进行。

第四，长期的网络学习容易引发大学生对网络的依赖，影响身心健康。网络课程的学习环境是一个相对封闭的环境，通过一套网络设备来完成相互交流，减少了大学生与人群的直接接触，使同学之间互相学习和共同进步的场景缺失。网络资源的五花八门为大学生甄别适合自己的优秀网络课程增加了难度。长时间沉浸在网络时空中，还有可能对互联网产生强烈依赖，诱发疾病。

总之，线下实践永远是高校实践育人的主阵地，包括网络课程在内的网络实践等一切新兴的育人方式，只能是在坚守线下实践的基础上的拓展和补充，是为持续和强化线下实践育人的效果而服务的。完全抛弃线下实践而单纯地求新求变，无异于舍本逐末。因此，高校必须要把握好线下实践与线上实践、实体课程与网络课程之间的关系，在做好线下工作的前提下进一步寻求线上育人路径的创新。

二、网络课程的主要形式

网络课程在我国的发展经历了一个循序渐进的过程。虽然我国网络课程发展的起步比较晚，主要出现在21世纪互联网普及以后，但由于计算机网络技术的不断迭代升级，网络课程在高校已被广泛运用，并衍生出了多种形式。

（一）慕课（MOOC）

慕课（MOOC）的全称为大规模开放在线课程，是大规模公开招生与教学的一种网络课程。区别于学生人数为几十人或上百人的传统大学课堂教育，慕课可允许上千人甚至上万人同时接受在线课程。将慕课引入高校教学环节，让大学生课前借助互联网自主学习，课后进行测试和反馈，是目前我国高校网络课程的普遍做法。

大学生在线上可以自主学习，自由支配学习时间和学习内容，还可以针对某个内容重复学习，强化学习效果。绝大数慕课都是免费的，也有少部分平台提供收费版。慕课的学习是不提供学分的，只是为大学生提供一个在线学习的平台和方式，不算作大学本科或研究生阶段的必修课程。

（二）混合课程

混合课程，是将线上的网络课程与线下的实体课程相结合的课程。在混合课程中，教师通常会将知识点和教学内容按照逻辑结构整理并发布给大学生，要求大学生自行掌握这些内容。这个过程是需要大学生在线上借助网络课程来完成的，学习的时间和方式由大学生自主安排，只要将教师要求的课程内容掌握即可。之后，教师与大学生再回归传统的教学模式中进行交流、讨论和答疑。这样一个完整的过程便可称为混合课程。

（三）基于web的在线课程

基于web的在线课程是一种允许教师利用在线课程平台发布自己准备好的教学大纲、教学资料、作业和通信的网络课程。大学生可以登录线上课程工具，按照自己的进度进行学习与规划。虽然这种方式一定程度上限制了教师与大学生之间的互动，但能够为大学生提供一种更加便捷的学习方式，而且教师也可以根据在线平台上大学生的学习反馈，进一步完善发布的课程内容，提高教学质量。

（四）网络增强课程

网络增强课程是根据课程内容和教学要求，由教师发起的与大学生直接进行连线教学的一种网络课程。这种类型的课程允许教师与大学生在线互动，教师在线上提出问题，大学生讨论或回答，无须在固定的教室中即可实现师生互动。这种直接在线互动的教学方式，不受空间的限制，在给师生提供便利的同时，也为大学生营造了一个更加舒适的学习氛围。

三、网络课程的路径创新

在信息互联网时代背景下，网络已成为大学生日常学习和生活的必需品。高校在实践育人的过程中，应顺应时代发展要求，用开放的心态、积极的态度、研究的方法、持续改进的实践，积极拓展网络第三课堂，加强网络课程体系的开发与建设，打造精品网络课程，实现实践育人路径的不断拓展。

（一）革新教育理念，提升教师网络教学的本领

网络课程的广泛应用不是为了取代线下课堂，而是丰富线下课堂，提升线下课程的育人实效。有些高校教师由于习惯了线下课堂传统的教学手段与方式，对网络课程持抵制的态度，片面夸大网络课程的弊端，忽视网络课程的优势。为此，高校要抓好教师培训工作，引导教师革新教育理念，适应时代发展的要求，科学有效地利用网络课程为线下课程服务。

网络课程对高校教师的能力和水平提出了更高的要求，如熟练使用信息互联网技术的能力、网络课程设计的能力、网络教学资料研发的能力、网络沟通交流的能力、网上讨论的组织和引导能力等，这就需要教师转变思想，持续不断地学习。高校教师不能再拘泥于线下课堂教学中“上课来下课走”的模式，而是要采取主动有效的措施，运用网络教学的方法拓展课堂教学的时间和空间。目前，教育部已开发和引入一批适合大学生的网络互动学习交流平台，高校教师要善于运用“慕课”等网络教学手段辅助教学，利用互联网积极参与大学生的讨论。针对大学生在网上提出的疑问和困惑，教师要尝试用他们喜欢的语言和表达方式，做出及时的回答和正确的引导。

（二）丰富教学资源，调动大学生学习的积极性

高校任何一门网络课程都要以线下教材为蓝本、以问题为导向，科学设置教学专题，用网络资源来丰富和拓展教学内容，组织案例分析、线上作业或测验、问卷调查等，从历史到现实、从理论到实践把一个问题讲精、讲深、讲透、讲活。

网络课程应该从问题出发。问题本身就是大学生学习的关注点和兴趣点。教师从客观存在的现实问题入手，用问题导入课程内容，吸引大学生参与到问题的讨论中来，这无疑会提升大学生学习的积极性、主动性和实践性，形成“教师抛出问题—学生追问问题—师生合力分析问题—共同想办法解决问题”的良性闭环。而对于大学生而言，他们只要对专题教学的某一个问题产生了浓厚的学习或研究兴趣，或是对某一问题的解决产生了豁然开朗之感，其对这一问题所对应的教学内容的认同感就会大幅提升，对这门课程学习的主动性也会大大增强。

因此，高校教师要以启发大学生的思考为核心，善于提出问题，善于引导大学生发表观点，善于带领大学生找到解决问题的路径或对策，善于将大学生学习的积极性和热情充分调动起来。

（三）畅通交流渠道，及时答疑解惑

在网络课程中，师生互动是必不可少的。教师切不可因为网络自由开放，便对大学生的出勤情况和学习情况不闻不问。网络环境下，教师要向大学生公布自己的邮箱、新媒体联系方式和电话号码，组织大学生按照教学进度完成各项学习任务，教会大学生自主学习，遇到困难和问题及时提问，同时做好线上监管工作。

大学生对课程内容有困惑、有疑问，恰好证明其对课程的关注，这个时候教师千万不能对大学生提出的问题置之不理，或者草率应付。面对大学生提出的问题，教师要及时介入，耐心细致地应对和解答大学生的问题，满足他们的现实需要，不要避而不谈或蜻蜓点水。教师要抓住教学过程中大学生普遍反映的重点和难点问题，用线上回应和线下讲解相结合的方式，做好思想引领，激发大学生的深度思考，更好地实现教学目标。

（四）清朗网络空间，营造风清气正的网络育人环境

在网络信息化条件下，互联网已经成为社会舆论斗争的主战场。尤其是当前“新自由主义”“普世价值”“历史虚无主义”等社会思潮接连登场，在网络上蔓延，不仅污染大学生的心灵，而且侵扰主流意识形态阵地。中国有9亿多网民，大学生更是普遍与网络为伴。大学生在哪里，高校的育人工作就要做到哪里。为此，高校必须采取主动有效的措施让网络空间日益清朗起来，营造多层立体、万众一心的良好环境，不能是一些人致力于向大学生灌输正确的思想，另一些人则通过言论和实践来诋毁这些思想，将原有的教学教育效果全部清洗掉。

高校可以开发适合大学生的网络互动平台，参与大学生的讨论，允许他们发表意见，提出质疑和批评。对待网络上出现的错误思潮和言论，高校要敢于发声、敢于表态、敢于“亮剑”，牢牢掌握意识形态工作的领导权和话语权，构建“大思政”格局，人人都是教育者，人人又都是教育的对象，实现全员全过程全方位育人。每一位高校教师都必须旗帜鲜明，立场坚定，不能人云亦云，把自己送进对方的话语体系之中，也不能简单否定了事。要全面剖析，揭露错误思潮的成因、本质和影响，提高大学生抵抗错误思潮的“免疫力”，让网络为高校育人服务。

四、网络课程的考核评价

对大学生网络课程进行考核的前提是有一套完备的网络课程监管体系。高校应探索建立网络教学质量监控平台，对教师的教学质量和大学生的学习情况进行全程

监管，在此基础上形成一套完备的网络课程教学评价体系。网络教学质量监控平台应具有保存、读取、互助等功能，后台对大部分的数据进行监测，并及时反馈给教师、大学生及第三方。

对大学生网络课程的考核应分为过程考核和结果考核两种类型。过程考核主要考查以下环节：第一，大学生网络课程的出勤情况及学习状态；第二，大学生阅读、收听、观看教学资源的情况；第三，大学生回答问题、参加讨论和发表观点的情况；第四，大学生学习团队或小组完成任务的情况。结果考核的形式较多，教师可根据课程需要，自由选取线上考试、小测验、调查报告、论文等形式对大学生网络课程的学习效果进行检测。在网络课程中，线上考试和小测验是较为常见的考核方式。网络平台还会使用一些监考手段来监控考试过程，如通过网络摄像头和身份验证问题来监控大学生的考试行为等。调查报告和研究性论文是网络课程中结果考核的另一种常见形式，通过大学生提交的研究报告或论文的质量给大学生的网络课程打分。课程结束后，教师依据过程考核和结果考核两项分数，对大学生网络课程进行综合评价，最后将网络课程分数按一定比例计入该门课程的线下成绩中。

网络课程对于教师而言，要完成课程资料的搜集和整理、课件的制作，以及随时与大学生进行互动和答疑，会花费教师大量的时间和精力。高校应给予教师适当的补偿和激励，如设立网络课程的专项教改课题、开展网络教学评优活动等，以保持教师的教学热情和积极性。

第二节　网络技能竞赛

大学生网络技能竞赛是高校为促进网络实践育人，激发大学生的创新创业热情，实现德智体美劳“五育”并举，展示高校网络实践育人成果的重要载体。通过各种线上竞赛的方式，以赛促学，激发大学生的创造力，让大学生在网络科技创新中增长智慧和才干；以赛促教，全面推进素质教育，提升高校网络实践育人的实效性；以赛促创，推动成果转化和产学研用紧密结合，以创新引领创业，以创业带动就业，服务国家和地方经济高质量发展。

一、网络技能竞赛的目的意义

高校在网络实践育人的过程中，除开设一批网络课程之外，还会定期组织各类大学生网络技能竞赛，如“互联网+”大学生创新创业大赛、网络安全技能大赛、电子商务大赛、计算机设计大赛、网页制作大赛、微电影大赛、公益广告大赛等。其目的就在于深化高等教育综合改革，培养大学生动手实践能力，提升网络技能，激发创造力，挖掘大学校园中的优秀网络信息化人才，培养和造就“大众创业、万众创新”的生力军。以竞赛的方式带动大学生创新创业，鼓励大学生扎根中国大地，在艰苦奋斗中锤炼意志品质，把激昂的青春梦融入伟大的中国梦。同时，借助赛事的影响力，推动各项成果转化，促进“互联网+”新业态的形成，主动服务国家战略和区域发展。

高校举办各类大学生网络技能竞赛的意义在于：

第一，提升大学生网络科技创新水平。通过促进科技创新和成果转化，提高大学生的网络技能、创新精神和创业意识，促进大学生全面发展，努力成为德才兼备的有为人才，培育高水平、高层次、高素质的大学生创新创业团队和具有核心创新能力的高成长型新兴产业源头企业。

第二，营造“大众创业、万众创新”的校园氛围。通过紧张激烈的赛事活动和广泛深入的宣传，激发大学生学好网络、用好网络的积极性，让更多的大学生了解网络科技，营造“鼓励创新、支持创业”的校园文化氛围，在高校校园内掀起创新创业的高潮。

第三，增强高校实践育人的吸引力。以往在大学生的印象中，实践育人就是实习、下乡、志愿服务等传统项目。高校举办丰富多彩的网络技能竞赛，用大学生熟悉的语言和喜欢的方式，将他们吸引到网络实践和网络创新中来，无疑会拓宽高校实践育人的领域，让大学生体会到网络天地大有可为，线上实践与线下实践同等重要且互为补充这对高校提升实践育人的吸引力与实效性意义重大。

二、网络技能竞赛的主要形式

高校大学生网络技能竞赛种类繁多，比较有代表性并在大学生群体中形成一定影响的竞赛形式有“互联网+”大学生创新创业大赛、网络虚拟运营专项比赛、大学生计算机设计大赛、大学生电子商务“创新、创意及创业”挑战赛、大学生互联网法律知识竞赛、大学生网络技能大赛、大学生网络安全技能大赛等。

（一）“互联网+”大学生创新创业大赛

“互联网+”大学生创新创业大赛是全国大学生网络技能竞赛中最具代表性的

赛事，大赛由教育部、中央统战部、中央网络安全和信息化委员会办公室、国家发展改革委员会、人力资源社会保障部、农业农村部、中国科学院、中国工程院、国家知识产权局、国务院扶贫开发领导小组办公室、共青团中央和承办地政府共同主办，高校承办。大赛的参赛项目要求能够将移动互联网、云计算、大数据、人工智能、物联网等新一代信息技术与经济社会各领域紧密结合，培育新产品、新服务、新业态、新模式。发挥互联网在促进产业升级以及信息化和工业化深度融合中的作用，促进制造业、农业、能源、环保等产业转型升级。发挥互联网在社会服务中的作用，创新网络化服务模式，促进互联网与教育、医疗、交通、金融、消费生活等深度融合。参赛项目主要包括以下类型："互联网+"现代农业、"互联网+"制造业、"互联网+"信息技术服务、"互联网+"文化创意服务、"互联网+"社会服务、"互联网+"公益创业，同时鼓励各类创新创业项目参赛。本科院校可参加的组别有高教主赛道、青年红色筑梦之旅赛道、国际赛道和产业命题赛道。允许跨校、跨院组建团队，每个团队的参赛成员不少于3人，原则上不多于15人。

（二）网络虚拟运营专项比赛

为进一步巩固和扩大"挑战杯"竞赛的影响力和权威性，从第七届"挑战杯"中国大学生创业计划竞赛（"小挑"）之后，将网络虚拟运营比赛单列进行专项赛。网络虚拟运营专项竞赛由全国"挑战杯"竞赛组委会举办。竞赛流程为校赛选拔初赛、全国预赛、全国复赛、全国决赛。奖项设置一等奖、二等奖、三等奖，国赛入围现场决赛的团队，网络虚拟运营直接入围全国决赛。

（三）大学生计算机设计大赛

中国大学生计算机设计大赛由教育部高等学校计算机类专业教学指导委员会、教育部高等学校软件工程专业教学指导委员会、教育部高等学校大学计算机课程教学指导委员会、教育部高等学校文科计算机基础教学指导分委员会、中国教育电视台联合主办，设校级初赛、省级复赛、国家级决赛三级竞赛单元。竞赛内容涵盖软件应用与开发、微课与教学辅助、物联网应用、大数据应用、人工智能应用、信息可视化设计、数媒静态设计、数媒动漫与短片、数媒游戏与交互设计、计算机音乐创作、国际生"学汉语写汉字"等赛道，引导大学生踊跃参加课外科技活动，激发大学生学习计算机知识的兴趣和潜能，培养具有运用信息技术解决实际问题能力的高素质人才。

（四）大学生电子商务“创新、创意及创业”挑战赛

全国大学生电子商务“创新、创意及创业”挑战赛是由教育部高校电子商务类专业教学指导委员会主办的全国性在校大学生学科性竞赛，是激发大学生兴趣与潜能，培养大学生创新意识、创意思维、创业能力以及团队协同实战精神的竞赛。竞赛采用校级选拔赛、省级选拔赛、全国总决赛三级赛制，竞赛优秀的团队按规则依次晋级获得高一级赛事参赛资格。竞赛形式分为线上和线下两种。每一级赛事均采用小组赛和终极赛（各小组第一名进入终极赛）两轮赛制。小组赛在封闭环境下进行，终极赛在公开环境下进行。

（五）青少年互联网法律知识竞赛

青少年互联网法律知识竞赛是国家互联网信息办公室、教育部、共青团中央、全国妇联四部门指导，全国百家网站联合开展的网络关爱青少年系列行动之一，旨在调动青少年学习和了解互联网法律知识的热情，增强青少年对网上信息的甄别、判断能力，促进青少年自我教育、自我约束和自我保护。参赛者登录新华网或全国百家网站，进入知识竞赛专题栏目，直接在网上答题。竞赛设个人奖和优秀组织奖两类奖项。

（六）大学生网络技能大赛

全国大学生网络技能大赛面向全国高等院校计算机院系大学生和所有热爱计算机网络技术的在校大学生，采用网络大赛与现场考试两种形式开展竞赛，集中了线上与线下、虚拟与现实、理论与实践多重特色。其中，网管PK台在线答题系统采用先进的技术手段和界面设计，让参赛选手在比赛中轻松地游戏，在游戏中快乐地学习。

（七）大学生网络安全技能大赛

“蓝帽杯”全国大学生网络安全技能大赛是全国公安院校最具影响力、最高规格、最高水平的网络安全技能大赛，被誉为未来网警的“奥运会”。比赛分为三个阶段：线上初赛采用国际上流行的CTF夺旗模式，参赛队伍通过互联网在线解题，获得flag从而得到对应的分值；半决赛加入公安实际工作场景内容（如电子取证、案件侦办等），全方位考核参赛队员综合素质；总决赛采用AWD Plus（大规模攻防兼备赛）竞赛模式，综合考核参赛团队攻击、防御技术能力、即时策略等。历届“蓝帽杯”全国大学生网络安全技能大赛涌现出的优秀选手在走上工作岗位后，多数在网络安全领域担任重要任务，为国家网络安全保驾护航。

三、网络技能竞赛的路径创新

大学生网络技能竞赛是高校实践育人在线上层面的重要抓手，不仅对大学生网络技能的培养具有重要作用，对高校网络校园文化建设也意义重大。新时代，高校要进一步组织好、开展好大学生网络技能竞赛，确保竞赛取得良好的实践育人效果，还需围绕以下几方面进行探索和创新：

（一）加强思想引领，推动机制创新

在大学生网络技能竞赛中，高校要积极推进社会主义核心价值观融入校园网络文化，主动占领意识形态领域的网络阵地，把握校园网络舆论的正确导向，弘扬主旋律，传递正能量。高校要将大学生网络技能竞赛纳入人才培养体系，高度重视竞赛在实践育人整体架构中的重要作用，在组织领导、具体实施、条件保障等方面不断探索创新，研究形成有利于赛事组织、资源投入、人员激励的新机制、新途径、新办法。加大对大学生网络技能竞赛的扶持力度，设立专项资金，提供配套保障，促进工作协同。在校外，加强高校与政府管理部门、社会研究机构、社会网络媒体的协作；在校内，高校各部门、各学院通力合作，齐抓共管，形成网络实践育人合力。

（二）提升活动内涵，塑造活动品牌

高校要以各类全国性的大学生网络技能竞赛为龙头，紧密结合区域特点和学校特色，建设具有显著优势，能够发挥示范引领作用的高校大学生网络技能竞赛品牌，不断提升竞赛的内涵和影响力。要降低大学生的参赛门槛，用赛前培训、项目前期培育、专项辅导等方式鼓励大学生积极参赛，树立信心，提升网络科技创新能力。要深入挖掘大学生中擅长使用网络、有一技之长的好苗子，重点培养他们运用网络分析和解决现实问题的能力，优选培育，反复打磨，向更高级别的赛事发起冲击。每场竞赛结束后要及时做好总结宣传，做好获奖者和获奖项目的路演展示，提升大学生对网络技能竞赛的认知度、关注度和参与度。

（三）重视个性发展，引导团队协作

受传统教育思维的影响，我国高等教育在很大程度上忽略了对大学生的个性培养，制约了大学生网络创新思维的发展。新时代的高校应以高质量人才培养为目标，摒弃传统思维模式，充分尊重大学生的个性差异，塑造大学生独特的思维和个性。在各种类型的网络技能竞赛中，大学生的兴趣和个性都会被激发，这种个性的

发展正是高校培养大学生网络科技创新能力的前提条件。当然，光有兴趣还不够，要在各类网络技能竞赛中取胜，大学生还需具备动手操作能力、策划能力、组织协调能力、语言表达能力等，对大学生的创新能力和综合素质是一个全方位的挑战。这就决定了大学生网络技能竞赛一般而言都是团队参赛，很难做到单枪匹马杀出重围。在参赛团队内部，每一位团队成员的性格、爱好、特长均不相同，所以要在课题设计、材料梳理、文字创作、技术应用、汇报展示等比赛全过程中做到合理分工，团结协作，让每一位成员都做出自己的贡献。大学生网络技能竞赛的组织单位和指导教师要在参赛大学生的团队组建、成员分工、团队凝聚力建设等方面下一番功夫，加以正确引导，确保大家心往一处想，劲往一处使。

（四）开放实践平台，做好宣传引导

高校在组织开展大学生网络技能竞赛的同时，也要给大学生提供提升网络技能的实践平台。要充分发挥大学科技园、大学生创业园、大学生创客空间等校内创新创业实践平台作用，面向大学生免费开放，开展培训、孵化等服务。结合学校学科专业的特色和优势，联合有关行业、企业建设一批校外大学生网络实践基地，深入实施大学生创新创业训练计划。在各项大学生网络技能竞赛的赛前、赛中、赛后全程做好宣传工作，大力宣传大学生网络技能竞赛的意义和重要性，营造敢为人先、勇攀高峰的鼓励和支持大学生参赛的良好氛围。要及时总结和推广获奖项目和个人的好经验、好做法，选树大学生网络技能竞赛的优秀典型，丰富宣传形式，培育创客文化，做好宣传宣讲，推进各项赛事的可持续发展。

四、网络技能竞赛的考核评价

大学生参加各级各类网络技能竞赛，除享受竞赛组委会授予的奖项和荣誉外，根据创新创业实践学分认定办法，高校应该给参赛大学生奖励相应的实践学分。对在国家级、省级、校级大学生网络技能竞赛中获奖的大学生，还应进行专项表彰。

高校对大学生网络技能竞赛获奖项目的指导教师，应给予相应教学工作量的认定，获得国家级、省级优秀指导教师荣誉称号的还应追加奖励。指导教师从事的与大学生网络技能竞赛相关的课题，可优先申报教育教学改革项目或教育教学成果奖。此外，高校还应制定将参与指导大学生网络技能竞赛情况纳入指导教师科研成果统计、列为职称（职务）评聘条件、列为优秀教师或优秀教育工作者等先进人物评选条件的办法。

第三节　网络安全教育

网络安全指的是网络系统的硬件、软件及其系统中的数据受到保护，不因偶然的或者恶意的原因而遭受到破坏、更改、泄露，系统连续、可靠、正常地运行，网络服务不中断。网络安全是国家安全的一项重要内容。2020年4月27日，国家互联网信息办公室、国家发展和改革委员会、工业和信息化部、公安部、国家安全部等12个部门联合发布了《网络安全审查办法》，于2020年6月1日起实施。

随着计算机技术的飞速发展，信息网络已经成为社会发展的重要保证。网络上有很多敏感信息，甚至是国家机密，所以难免会吸引来自世界各地的各种人为攻击，如信息泄露、信息窃取、数据篡改、数据删添、计算机病毒等。同时，网络实体还要经受诸如水灾、火灾、地震、电磁辐射等方面的考验。网络上的信息也可谓鱼龙混杂，一些别有用心的人以言论自由为由，通过发布虚假信息或不实言论，煽动话题，颠倒黑白，破坏社会秩序。

网络发展和监管过程中存在的种种问题，以及由此可能对大学生带来的各种负面影响，使得网络安全教育成为高校实践育人的当务之急。

一、网络安全教育的目的意义

高校对大学生开展网络安全教育的目的是提高大学生网络安全的意识和素质，强化大学生对网络安全重要性的认识，增强大学生维护网络安全的责任感和使命感；培养大学生遵守网络安全法律法规的自觉性，树立网络安全法制观念；丰富大学生网络安全知识，熟练掌握操作技术，增强预防和处理网络安全事故的本领。

大学生思维活跃、网络参与度高、传播欲望强，同时社会阅历不足、网络安全意识薄弱、网络安全防范能力欠缺，因此，高校对大学生进行有效的网络安全教育具有十分重要的意义。

第一，大学生网络安全教育是维护国家总体安全的题中应有之义。随着网络信息技术的迅猛发展和广泛运用，特别是我国国民经济和社会信息化建设进程的全面加快，网络信息系统的基础性、全局性作用日益增长。维护网络安全需要全社会共同参与。大学生作为中国网民的主要组成部分，既是维护网络安全的主体，又是网络安全教育的客体。高校通过网络安全教育，可以有效提升大学生网络安全鉴别能力和防范能力，发挥大学生在维护国家总体安全中的重要作用。

第二，大学生网络安全教育是高校人才培养的必然要求。面对错综复杂、信息良莠不齐的虚拟网络空间，大学生往往缺乏对于网络安全的正确认识，不能主动承担起维护网络安全的义务与责任，忽视甚至无视网络安全。正是由于网络安全意识的欠缺，导致一些大学生有意或无意泄露、窃取国家重要机密，严重危害了国家安全和大学生的个人发展。高校人才培养的目标是德智体美劳全面发展的时代新人，这不仅要靠理论灌输，还要靠实践养成；不仅要开展线下教育，还要开展线上教育。互联网自由开放，但它不是法外之地，相反，网络自由是在法律规定范围之内的自由，而网络安全则是网络自由的前提。

第三，大学生网络安全教育是高校网络实践育人的重要抓手。要让网络安全意识扎根于大学生的思想观念之中，必须依靠高校网络安全教育和大学生对网络安全知识的学习。只有意识到网络安全重要性和复杂性，才能为排除网络安全隐患奠定认识基础。学会网络安全知识、树立起网络安全意识的大学生，对自己所处的网络空间存在的安全隐患就会有一定的认识，进而采取一定的防范措施。通过实践，增强自身的网络防范能力和应对能力，消除个人信息泄露、网络诈骗、黑客入侵等人为的不安全因素。

二、网络安全教育的内容与形式

教育部于2020年9月印发了《大中小学国家安全教育指导纲要》，明确将网络安全等16个领域纳入国家安全教育，要求国家安全教育实现全领域、全学段覆盖，相关内容纳入不同阶段学生学业评价范畴，且纳入大中小学生综合素质档案。

网络安全的主要内容包括网络基础设施、网络运行、网络服务、信息安全等方面，是保障和促进信息社会健康发展的基础。面临网络基础设施安全隐患和网络犯罪等威胁，维护网络安全必须践行“没有网络安全就没有国家安全、没有信息化就没有现代化”的理念，强化依法治网、技术创新、国际合作等，树立网络空间主权意识。

高校大学生网络安全教育的实施途径为：依托校内相关教学科研机构，开设网络安全教育公共基础课；围绕总体国家安全观和网络安全各领域，确定综合性或特定领域的主题，通过组织讲座、参观、调研、体验式实践等方式，进行案例分析、实地考察、访谈探究、行动反思，积极引导大学生自主参与、体验感悟；将网络安全教育融入各学科的专业教学，引导大学生主动运用所学知识分析网络安全问题，强化大学生网络安全意识，丰富网络安全知识；发挥校园文化的作用，组织和开展丰富多彩的网络安全教育活动，实现网络安全知识传播的常态化，增强大学生维护网络安全的能力和本领。

高校大学生网络安全教育活动的具体形式有大学生网络文化节、网络安全竞赛、网络安全宣讲、网络安全监管志愿服务活动等。

（一）大学生网络文化节

全国大学生网络文化节是推进高校网络文化建设的有效载体，是集聚大学生积极向上向善的力量、共建网络文明的有效尝试，有利于提升大学生网络文明素养，传递青春正能量。全国大学生网络文化节包含微视频、微电影、动漫、摄影、网文、公益广告、音频、校园歌曲等作品竞赛和全国高校网络教育优秀作品推选展示等活动。全国大学生网络文化节，有利于挖掘和展示一批有筋骨、有道德、有温度的优秀网络文化作品，营造清朗网络空间；有利于培养有高度的安全意识、有文明的网络素养、有守法的行为习惯、有必备的防护技能的新一代“四有”中国好网民。

（二）信息安全铁人三项赛

信息安全铁人三项赛是由中国信息安全测评中心主办的面向大学生的公益性科技类实战应用型大赛。大赛通过整合信息安全产业资源并对接高校，为大学生提供一个进行信息安全技术创新、深入产业行业应用以及扩展安全视野的平台，推动校企合作模式的信息安全人才培养，从而拓宽信息安全优秀人才的培养和选拔渠道。信息安全铁人三项赛强调贴近实战，以信息安全典型行业应用场景为大赛环境，重点检验参赛大学生面对真实环境下的信息安全工程能力和攻防技术能力。大赛强调企业与高校的联合，通过校企对接的“企业导师+大学生战队”模式，将企业资源纳入高校的信息安全相关专业人才培养中，实现人才从高校到企业的无缝对接。

（三）网络安全科普活动

大学生网络安全科普活动以网络安全和文明上网为主题，开展线上线下互动专题讲座，推动网络安全知识进校园。科普活动采用互动体验、闯关游戏等新媒体手段，让大学生在轻松愉悦的体验中，学到互联网知识和网络安全知识。以“争做中国好网民”签名、点赞、接力等形式，表达大学生对网络安全和网络文明的心声，引导大学生绿色文明上网。

（四）网络安全志愿服务

高校集中选拔一批有能力、有担当的大学生志愿者，组建大学生网络安全员队伍，定期向大学生开展网络安全知识和技能培训，监控和引导网络舆论，主动发现网上各类有害信息，甄别并举报涉毒、赌、黄、盗、抢、骗等违法犯罪信息，主动抵制各类网络谣言信息，筑起安全防线，以实际行动维护安全、文明、和谐的网络环境。

（五）净化网络语言活动

网络语言覆盖面广、传播速度快。不规范、不恰当甚至低俗的网络语言，会对语言安全、文化安全、意识形态安全带来负面影响。高校采用座谈会、宣讲会、宣传视频等形式呼吁和引导大学生拒绝使用不良网络语言内容，积极净化网络语言环境，共同营造清朗网络空间。

三、网络安全教育的路径创新

随着信息化的快速发展和信息技术的广泛应用，网络安全面临的威胁持续加大。网络安全是国家安全的重要组成部分，大学生又是网络世界的主要参与群体，而近年来针对高校师生的网络安全事件频发，引发社会关注。在这样的背景下，构建行之有效的大学生网络安全教育体系，成了新时代高校网络实践育人必须要完成的紧迫任务。

（一）领导有力、分级管理、多方参与的大学生网络安全教育组织领导体系

高校要充分认识网络安全教育工作的重要性和紧迫性，将此项工作列入学校重要议事日程，与人才培养工作统一谋划、统一部署、统一推进、统一实施，高校领导亲自抓，明确责任部门，切实将工作落到实处，不断提升网络安全教育的实效性。

领导有力是指高校的主要领导担负起网络安全教育的第一领导责任，高度重视，强力推进此项工作。分级管理是指各院系、各部门主要领导相应承担起本单位网络安全教育的第一领导责任，种好自己的责任田。多方参与是指高校网络安全教育应当统筹宣传部门、信息网络部门、保卫部门、学生工作部门等多方力量，形成齐抓共管、共同应对的工作模式。加强对校园网新闻传播和信息内容的安全管理，对上网信息严格把关，凡涉及国家及学校秘密的信息严禁上网，落实防范措施，明确责任。在校园网上存放、传送、发布的有关信息应按保密等级规定，采取相关措

施进行保密，存放绝密级文件的计算机不得联入校园网。积极发动全校师生的力量，实时监控学校网络安全中遇到的新情况、新问题，及时反馈和预警，确保工作落到实处。

（二）系统完备、融会贯通、精准有效的大学生网络安全教育内容体系

新时代大学生网络安全教育教哪些内容？这是高校必须认真思考并回答的问题。教育内容决定教育效果，内容把握不清楚，教育效果必将大打折扣或流于形式。

系统完备是指高校网络安全教育的内容除要涵盖网络安全基本知识、防范技能之外，还应将网络伦理道德、网络安全法律制度、网络安全管理制度等方面的内容纳入其中，实现从知识到技术、从道德到法律的全覆盖。这需要从事科技哲学、法律研究、网络安全技术防范及网络安全的教师和部门共同协作，制定系统、规范的网络安全教育教学内容体系。既有大量的典型案例，又有直观的网络视频，让大学生更有兴趣、更为直观地接受网络安全教育，同时摆脱时间和地点的限制，进一步扩大网络安全教育成效。融会贯通是指高校网络安全教育的内容既要与专业课程相结合，将网络安全教育贯穿于专业课程学习的全过程，又要与专项培训相结合，借助新生入学教育、专业教育、毕业教育、军训和国防安全教育的机会，通过开设专题讲座和网络课程相结合的方式，将网络安全教育融入其中，增强大学生网络安全意识和能力。精准有效是指高校网络安全教育的内容要尽可能接地气、吸引人，精准把握当前网络安全易发、高发的问题，有的放矢地对大学生进行教育，随时了解网络安全的最新动态，及时调整和更新现有教育内容。

（三）循循善诱、因材施教、灵活多样的大学生网络安全教育方法体系

达尔文认为，世界上最有价值的知识就是关于方法的知识，因为方法能够有效解决问题，所以“方法为王”。高校大学生网络安全教育不断改革创新，已经形成了一系列具有代表性的教育方法，这些方法具有一定的积极意义，但还不够系统。新的时代背景下，要让大学生网络安全教育更有实效性，还需对现有的教学方法进行筛选和更新，建立一套有针对性的大学生网络安全教育的方法体系。

循循善诱是指高校在对大学生开展网络安全教育时，要第一时间消除大学生的抵触情绪，不讲大道理，不喊口号，用网络谣言、网络诈骗、网络成瘾等贴近大学生生活的真实案例，用图片、视频等形式，吸引大学生对网络安全问题的主动关注。兴趣是最好的老师，一旦大学生对网络安全问题产生了学习和了解的兴趣，我

们的教育便会水到渠成，收效显著。因材施教是指在对大学生开展网络安全教育时要关注大学生的个体差异，对计算机、网络信息专业、法律专业的大学生，要从专业的角度进行指导，对其他专业的大学生则进行科普性指导；对有网络技术特长的大学生，要鼓励他们积极参加网络技能竞赛，协助学校进行网络监管；对因疫情、实习等原因无法参加线下教育的大学生，要开通线上网络安全教育渠道；对“网瘾”大学生，要采取有效的方式进行引导，培养他们的自我控制能力，引导他们关注现实。灵活多样是指大学生网络安全教育的方法要活，采取网上讨论、闯关答题、案例分析、知识竞赛等大学生喜闻乐见、轻松活泼的方式开展教育，确保教育取得实效。

（四）操作性强、覆盖面广、积习成常的大学生网络安全教育实践体系

在大学生网络安全教育活动中，大学生绝不是被动地接受教育，而是学习和实践的主体，他们主动学习和领会网络安全知识，主动在实践中提升处理网络安全事件的能力。由于网络安全非常强调动手能力，讲究人与人的技术对抗，因此，高校大学生网络安全教育要注重理论与实践相结合，培养大学生的动手能力。在网络安全实践层面，高校要为大学生提供广阔的实践平台，创造机遇，有效引导。

操作性强是指高校要将网络空间中与“黑客”技术博弈的情景运用到网络安全教学，使大学生的网络安全技术学习身临其境，培养出具备实战对抗能力的网络安全技术人才。组建网络安全员队伍，监控和引导网络舆论，积极参与网上发帖、跟帖、讨论和评论，掌握网络舆论的主导权。覆盖面广是指大学生网络安全实践活动要覆盖全体大学生，提供多样性的实践平台，让每个大学生都能找到适合自己的网络安全实践方式，形成大学生之间相互提醒、相互帮助、相互督促的良性循环。积习成常是指以大学生志愿者或互助组的形式，帮助大学生解决日常生活中使用计算机和网络时遇到的问题，及时提醒大学生如何安全地使用计算机和网络、如何有效防止个人信息泄露、如何遵守网络道德等，使网络安全意识变成大学生的日常生活中的自主行为，养成维护网络安全的良好习惯。

四、网络安全教育的考核评价

对大学生参加网络安全教育情况的考核评价，应坚持发展性、过程性、多元性原则。其一，坚持发展性原则。强化教育引导，激发大学生学习网络安全知识的热情，提升网络安全意识，杜绝给大学生随意打分、简单排名。其二，坚持过程性原

则。引导大学生积极实践，提升大学生维护网络安全的能力，做到知行合一，避免单一考察知识概念。其三，坚持多元性原则。注重自评与他评相结合、过程评价与结果评价相结合、定性评价与定量评价相结合，保证评价的全面客观。

依据国家安全教育主要目标和主要内容，大学生网络安全教育的考核评价应明确评价要求和评价要点，突出素养导向，采用多种方式进行课程考试，兼顾过程性考核。要对大学生参与网络安全教育、网络安全课程学习和网络安全实践活动中的学习成绩和具体表现做出客观公正的评价，并将考核结果纳入大学生综合素质档案。

高校要对在网络安全教育中表现突出、成绩显著的单位、教师和大学生，予以表彰和奖励；对在大学生网络安全教育中态度不认真、教育效果差、出现重大失误的单位和个人，予以通报批评，并责令整改。

结　语

作为高校人才培养体系中至关重要的一环，实践育人既是新时代我国高等教育改革创新的内在要求，也是高校人才培养目标的重要体现，还是新时代大学生成长成才的根本诉求。

党和国家历来高度重视高校实践育人工作。在教育部颁布的《国家中长期教育改革和发展纲要（2010—2020）》中就提出培养创新人才要“注重知行统一、坚持教育教学与生产劳动、社会实践相结合”。2012年，教育部等部门《关于进一步加强高校实践育人工作的若干意见》中也明确指出，进一步加强高校实践育人工作，是全面落实党的教育方针，把社会主义核心价值体系贯穿于国民教育全过程，深入实施素质教育，大力提高高等教育质量的必然要求。党的十九大报告提出“建设教育强国”战略任务，为新时代中国教育事业的发展描绘了宏伟蓝图，而实践育人则是实现这一蓝图的重要手段。2017年，中共中央、国务院在《关于加强和改进新形势下高校思想政治工作的意见》中提出“坚持全员全过程全方位育人”的“三全育人”理念，以立德树人作为根本任务，推动实践育人创新，使得学生将所学的理论内化于心、外化于行。

在党的路线方针政策的召唤下，全国各高校纷纷将实践育人提到人才培养的高度，进行全面部署和系统谋划，实践育人的队伍不断壮大，内容越发丰富，形式日益新颖，取得了良好的育人效果，更积累了很多宝贵的经验。但不可否认的是，当前高校实践育人的质量与新时代我国培养拔尖创新人才的要求还存在一定的差距，与相对成熟的理论育人相比，实践育人仍然是高校人才培养体系中的薄弱环节。

本书的价值和意义在于对高校实践育人的基础理论构建、历史进程梳理和创新路径分析三个方面：

第一，初步构建起高校实践育人的基础理论。科学研究是站在巨人肩膀上的再创造。关于实践，中外学者研究成果丰硕；关于实践育人，虽有关于不同主体、不同客体、不同视域的研究成果，但是系统研究实践育人基础理论的成果却不多见。而只有构建起理论逻辑和理论体系，才算牵住了“牛鼻子”，现实难题方能有效破解。因此，本书围绕实践育人的内涵、功能和原则，以及我国高校实践育人的目的、任务、要素和类型等方面进行了理论研究和探索，一定程度上弥补了国内外学界对实践育人基础理论研究的不足。

第二，系统梳理了我国高校实践育人的历史进程。根据1949年以来我国革命建设改革的历史发展进程，从新中国成立初期的早期探索、改革开放以来的转型升级和新时代的创新发展三个阶段，追溯和考察我国高校实践育人的历史发展进程。对每一段历史进程中我国高校实践育人的指导思想、政策文件和具体做法加以归纳分析，总结和提炼出不同历史时期的经验和不足。这对新时代我国高校实践育人的改革创新来说，无疑是一笔宝贵的历史财富。

第三，全方位、多角度探索了我国高校实践育人的创新路径。针对当前我国高校实践育人的现实问题，本书紧紧抓住专业实践、社会实践、文体实践、网络实践等高校实践育人的重点领域，全方位探索新时代高校实践育人活动的路径创新；牢牢把握每一类实践育人活动的目的意义、内容形式、创新路径、考核评价等关键环节，多角度探索新时代高校实践育人的可行性方案。本书对新时代我国高校实践育人创新路径的研究，可为教育行政主管部门提供决策依据，可为广大思想政治理论课教师和其他专业教师开展实践教学提供指导和参考，也可为全国各高校提供可资借鉴的实践模式和具有可操作性的经验做法。

虽已尽心竭力，但是由于笔者能力和水平的限制，本书还留有些许遗憾与不足：

第一，理论深度不足。对高校实践育人的本质、规律等的挖掘还不够深入，对国内外相关文献的把握也许还存在错漏，对社会学、心理学等专业领域涉猎不深，等等。

第二，实践检验不足。高校实践育人的路径创新虽尽可能做到考虑周全，符合实际，但实际效果还需要长期的实践检验，并反复地修改完善。

优秀人才一定是经过实践淬炼的人才。随着中国特色社会主义进入新时代，党和国家对德智体美劳全面发展、能够担当民族复兴大任的时代新人的需求也越来越迫切。高校在为党和国家育人育才上，责任重大，使命光荣。与此同时，实践育人是一项复杂的系统工程，需要政府、地方、高校等不同育人主体各司其职、各尽其责、相互配合、形成合力，推动形成全员全过程全方位育人模式，构建实践育人共同体，进一步把高校实践育人工作引向深入，打通高校实践育人的“最后一公里”，真正走出一条高校实践育人的创新发展之路。

尽管举步维艰，笔者依然求索不止。唯愿抛砖引玉，引发学界对高校实践育人这一问题的关注和思考，为新时代我国高等教育教学的改革创新略尽绵薄之力。

参考文献

一、中文著作

[1] 教育部思想政治工作司组. 加强和改进大学生思想政治教育重要文献选编(1978-2014)[M]. 北京:知识产权出版社,2015.
[2] 教育部社会科学司组. 普通高校思想政治理论课文献选编(1949-2008)[M]. 北京:中国人民大学出版社,2008.
[3] 陈立思. 比较思想政治教育[M]. 北京:中国人民大学出版社,2011.
[4] 程艳,丁祥艳. 高校思想政治理论课"听读写说行"教学模式研究[M]. 北京:新华出版社,2020.
[5] 冯刚. 改革开放以来高校思想政治教育发展史[M]. 北京:人民出版社,2018.
[6] 顾海良. 高校思想政治理论课程建设研究[M]. 北京:中国人民大学出版社,2009.
[7] 户可英. 大学生社会主义核心价值观教育方法研究[M]. 北京:新华出版社,2016.
[8] 林文琼,宋舒. 欠发达地区高校思想政治教育研究[M]. 北京:中国文史出版社,2015.
[9] 刘建军. 寻找思想政治教育的独特视角[M]. 北京:中国人民大学出版社,2017.
[10] 骆郁廷. 高校思想政治理论课程论[M]. 武汉:武汉大学出版社,2006.
[11] 佘双好. 思想政治理论课教学法探析[M]. 北京:中国人民大学出版社,2018.
[12] 沈壮海,王晓霞,王丹等. 中国大学生思想政治教育发展报告(2017)[M]. 北京:北京师范大学出版社,2018.
[13] 沈壮海. 教育学导论[M]. 武汉:武汉大学出版社,2005.
[14] 沈壮海. 思想政治教育有效性研究(第二版)[M]. 武汉:武汉大学出版社,2008.
[15] 石云霞. 高校思想政治理论课程建设史研究[M]. 武汉:武汉大学出版社,2006.
[16] 孙有余,钱学森,费孝通,谭滔. 论思想政治工作科学化[M]. 太原:山西人民出版社,1981.
[17] 唐旭光. 深入实施"四个育人",彰显本科人才培养特色[M]. 昆明:云南大学出版社,2020.
[18] 叶浩生. 西方心理学的历史与体系[M]. 北京:人民教育出版社,1998.
[19] 宇文利. 现代思想政治教育课程论[M]. 北京:北京大学出版社,2012.
[20] 张岱年. 中国伦理思想研究[M]. 北京:中国人民大学出版社,2011.
[21] 张雷声. 思想政治理论课教学的境界[M]. 北京:中国人民大学出版社,2018.
[22] 张澍军. 德育哲学引论(修订版)[M]. 北京:中国社会科学出版社,2008.
[23] 张耀灿. 高校思想政治理论课教育教学质量监测体系研究[M]. 北京:经济科学出版社,2014.
[24] 张云. 思想政治教育心理学[M]. 上海:上海人民出版社,2001.
[25] 郑永廷. 人的现代化的理论与实践[M]. 北京:人民出版社,2006.

[26] 郑永廷 . 思想政治教育方法论 [M]. 北京 : 高等教育出版社 ,2010.

二、中文译著

[1][法] 埃米尔・涂尔干 . 社会分工论 [M]. 渠东译 , 北京 : 生活・读书・新知三联书店 ,2000.
[2][美] 埃里克森 . 同一性 : 青少年与危机 [M]. 孙名之译 . 北京 : 中央编译出版社 .2015.
[3][美] 戴维・迈尔斯 . 社会心理学 [M]. 侯玉波等译 , 北京 : 人民邮电出版社 ,2016.
[4][美] 丹尼尔・贝尔 . 资本主义文化矛盾 [M]. 赵一凡等译 , 北京 : 生活・读书・新知三联书店 ,1989.
[5][美] 赫舍尔 . 人是谁 [M]. 隗仁莲译 . 贵阳 : 贵州人民出版社 ,1994.
[6][美] 鲁恂・W・派伊 . 政治发展面面观 [M]. 任晓 , 王元译 , 天津 : 天津人民出版社 ,2009.
[7][美] 约翰・麦克里兰 . 西方政治思想史 [M]. 彭淮栋译 . 海口 : 海南出版社 ,2003.
[8][英] 安东尼・吉登斯 . 现代性与自我认同 : 晚期现代中的自我与社会 [M]. 夏璐译 . 北京 : 中国人民大学出版社 ,2016.
[9][英] 罗素 . 西方哲学史及其与从古代到现代的政治、社会情况的联系 (上卷)[M]. 何兆武 , 李约瑟译 . 北京 : 商务印书馆 ,1963.
[10][英] 罗素 . 西方哲学史及其与从古代到现代的政治、社会情况的联系 (下卷)[M]. 马元德译 . 北京 : 商务印书馆 ,1976.
[11][英] 特里・伊格尔顿 . 马克思为什么是对的 [M]. 李杨 , 任文科 , 郑义译 . 北京 : 新星出版社 ,2012.

三、期刊论文

[1] 常青 , 李力 . 高校“多维型”创新创业实践育人体系建设与运行机制 [J]. 思想理论教育导刊 ,2017(01).
[2] 陈步云 . 论高校实践育人动力机制的构建 [J]. 学校党建与思想教育 ,2018(11).
[3] 陈臣 . 社会主义核心价值观融入高校思想政治理论课教育教学路径论析 [J]. 辽宁师范大学学报 (社会科学版),2015(02).
[4] 陈金龙. 马克思主义中国化的主体探析 [J]. 马克思主义研究，2010(05).
[5] 陈锡喜 , 张濛 . 推动高校思想政治理论课建设内涵式发展的要义和路径 [J]. 思想理论教育 ,2019(11).
[6] 陈先达 . 文化自信的本质与当代意义 [J]. 红色文化学刊 ,2018(01).
[7] 程太生 . 社会主义核心价值体系教学实效性研究 [J]. 山西高等学校社会科学学报 ,2010(06).
[8] 邓欢 , 严敏 . 论高校创新创业教育实践育人共同体的构建 [J]. 学校党建与思想教育 ,2021(01).

[9] 董凌莉 . 理想信念教育视域下应用型高校实践育人探究 [J]. 学校党建与思想教育 ,2020(14).
[10] 房玫 . 关于中国在全球化进程中坚持并巩固马克思主义主流意识形态地位的思考 [J]. 当代世界与化会主义 ,2007(03).
[11] 费坚 . 后大众化时代高校实践育人理念实施路径论析 [J]. 江苏高教 ,2016(04).
[12] 冯刚 , 王栋梁 . 实践育人创新发展的理论思考和实现路径研究 [J]. 学校党建与思想教育 ,2017(15).
[13] 高放 . 加强对马克思主义科学的整体研究 [J]. 马克思主义与现实 ,2005(02).
[14] 高雨芹 . 浅析高校实践育人教学模式的推进 [J]. 前沿 ,2009(13).
[15] 郜馨 . 讲好中国故事 增强教育效果——高校思想政治理论课教学的新途径 [J]. 领导科学论坛 ,2018(05).
[16] 龚咏梅 . “四个回到”: 改进思想政治理论教育的路径选择 [J]. 思想政治课研究，2016(06).
[17] 郭彦森 . 建立有利于形成思想共识的合理利益关系 [J]. 郑州大学学报 (社会科学版),2007(02).
[18] 郝学武 . 高校志愿服务实践育人体系探究 [J]. 学校党建与思想教育 ,2019(16).
[19] 何其颖 , 石红梅 . 思想政治理论课实践育人与高校创新人才培养 [J]. 思想理论教育导刊 ,2014(01).
[20] 洪滔 , 罗荣武 . 基于 “四个自信” 教育视角下的高校思想政治理论课教学研究 [J]. 才智 ,2018(21).
[21] 侯惠勤 . 在社会主义核心价值观的概括上如何取得共识 [J]. 红旗文稿 ,2012(08).
[22] 侯惠勤 . 中国梦与中国特色社会主义共同理想 [J]. 红旗文稿 ,2013(12).
[23] 胡白云 . 高校思想政治理论课教师讲好中国故事的基本要求 [J]. 思想理论教育导刊 ,2021(04).
[24] 胡刚 . 加强高校思想政治理论课教育教学实效性的探讨——以社会主义核心价值体系认同为视角 [J]. 湖北理工学院学报 (人文社会科学版),2014(04).
[25] 胡建 , 冯开甫 . 红色资源 : 大学生社会主义核心价值观教育的重要载体 [J]. 思想理论教育导刊 ,2016(01).
[26] 黄慧 . 论红色文化融入高校实践育人体系的路径 [J]. 学校党建与思想教育 ,2019(18).
[27] 黄蓉生 , 孙楚杭 . 构建高校实践育人长效机制的思考 [J]. 中国高等教育 ,2012(Z1).
[28] 蒋德勤 , 侯保龙 . 高校思想政治教育实践育人创新路径 [J]. 思想理论教育导刊 ,2016(02).
[29] 金瑾 , 胡萍 . 社会主义核心价值观融入高校思政教育课全过程研究 [J]. 管理观察 ,2018(18).
[30] 康海轩 . 解码思想政治教育亲和力中的 “力量密码” [J]. 思想政治课研究 ,2020(02).
[31] 李东才 , 潘晔 . 价值认同视域下提升高校思想政治理论课教育实效性研究 [J]. 学校党建与思想教育 ,2014(05).
[32] 李海娟 . 新时代高校实践育人路径探析 [J]. 思想理论教育 ,2021(08).

[33] 李俊丽 . 高校思想政治教育实践育人模式探讨 [J]. 西南民族大学学报 (人文社会科学版),2011,32(S3).
[34] 李梁 . 信息技术与思想政治理论课教学融合的若干问题辨析 [J]. 思想理论教育 ,2017(02).
[35] 李萍 , 林滨 . 试谈高校思想政治理论课教学实效性的三个基本维度 [J]. 思想理论教育导刊 ,2005(09).
[36] 李尚志 . 全球化背景下西方意识形态渗透的主要形式及危害 [J]. 理论与改革 ,2007(02).
[37] 李淑梅 , 杨郁巧 . 意识形态的变化与人的认同方式 [J]. 天津社会科学 ,2009(01).
[38] 李薇薇 . 高校社会实践育人体系构建的路径选择 [J]. 中国高等教育 ,2021(09).
[39] 李炎芳 , 郭明飞 , 杨磊 . 微时代的意识形态认同危机及其治理 [J]. 江西社会科学 ,2014(06).
[40] 梁爱强 . "慕课" 背景下高校思想政治理论课教育实效性探讨 [J]. 学校党建与思想教育 ,2016(17).
[41] 梁建新 . 中国应对西方 "意识形态终结论" 思潮的路径选择 [J]. 探索 ,2007(01).
[42] 梁树发 . 马克思主义者身份认同与马克思主义发展主体意识自觉 [J]. 马克思主义理论学科研究 ,2018(03).
[43] 梁伟 , 马俊 , 梅旭成 . 高校 "三全育人" 理念的内涵与实践 [J]. 学校党建与思想教育 ,2020(04).
[44] 刘建军 . 全面把握思想政治理论课建设的基本规律 [J]. 思想教育研究 ,2017(04).
[45] 刘娟 . 高校 "双合双循环" 实践育人模式研究 [J]. 学校党建与思想教育 ,2018(18).
[46] 刘丽敏 . 以高度的文化自信涵育坚定的政治信仰—— "中国近现代史纲要" 课贯彻十九大精神的思考 [J]. 思想理论教育导刊 ,2018(01).
[47] 刘玫 , 邓瑾 . 从 "物本" 到 "人本": 政治认同教育研究范式视角的转换 [J]. 教育评论 ,2017(10).
[48] 龙献忠 , 陈方芳 . 新形势下高校主流意识形态认同教育: 困境、契机与路径 [J]. 求索 ,2017(06).
[49] 卢锋 . 教育叙事研究——高校思想政治理论课教学研究范式之转换 [J]. 常熟理工学院学报(教育科学) ,2010(12).
[50] 卢秀峰 . 高校开展文艺铸魂育人的实践探索 [J]. 学校党建与思想教育 ,2020(11).
[51] 罗亮 . 改革开放以来高校实践育人的发展历程与基本经验探析 [J]. 思想理论教育 ,2019(05).
[52] 马福运 , 杨晓倩 . "90 后" 大学生主流意识形态认同现状研究——基于河南省 10 所高校的调查 [J]. 思想教育研究 ,2017(11).
[53] 孟勋 , 张凌媛 . 从承认到认同 : 高校社会实践育人体系创新研究 [J]. 高教探索 ,2020(05).
[54] 聂立清 . 构建青少年主流意识形态认同的战略选择 [J]. 思想教育研究 ,2009(06).
[55] 秦宣 . 新中国成立 60 年来高校思想政治理论课沿革及其启示 [J]. 思想理论教育导刊 ,2009(10).
[56] 申纪云 . 高校实践育人的深度思考 [J]. 中国高等教育 ,2012(Z2).

[57] 沈壮海，史君．推动思想政治教育与信息技术的高度融合 [J]. 国家教育行政学院学报 ,2017(01).
[58] 谈传生．高校实践育人机制创新研究 [J]. 学校党建与思想教育 ,2019(24).
[59] 王成兵．略论理性与非理性在当代认同中的作用 [J]. 江淮论坛 ,2006(06).
[60] 王成兵．认同危机：一个现代性问题 [J]. 新视野 ,2005(04).
[61] 王桂兰．论增强主流意识形态影响力的理念更新 [J]. 首都师范大学学报 ,2009(01).
[62] 王伟光．全面理解·深入实践科学发展观 [J]. 马克思主义研究 ,2009(01).
[63] 王向明，张廷广．高校思想政治理论课“翻转课堂”的理论与实践 [J]. 思想教育研究 ,2018(12).
[64] 王易．高校思想政治理论课改革创新的多维解读 [J]. 马克思主义理论学科研究，2020(05).
[65] 王永贵．意识形态领域新挑战与马克思主义大众化 [J]. 当代世界与社会主义，2010(06).
[66] 王永智．论中华优秀传统文化与高校的育人实践 [J]. 中国高等教育 ,2021(20).
[67] 吴飞．共情传播的理论基础与实践路径探索 [J]. 新闻与传播研究，2019(05).
[68] 吴刚．美国高校实践育人概述及启示 [J]. 学校党建与思想教育 ,2017(02).
[69] 吴细玲，曾令超．思想政治理论课与大学生对社会主义核心价值体系的认同 [J]. 思想政治教育研究 ,2009(04).
[70] 吴晓斐．新媒体视域下的文化意识形态功能分析 [J]. 理论与改革 ,2013(02).
[71] 吴学琴．意识形态微观化发展态势下的安全研究 [J]. 江苏大学学报（哲学社会科学版）,2014(01).
[72] 武东生．思想政治理论课教学改革过程中应思考的若干问题 [J]. 清华大学学报 ,2005(增 1 刊).
[73] 夏甄陶．论以人为本 [J]. 杭州师范学院学报（社会科学版）,2003(03).
[74] 项久雨，陈涛．高校思想政治理论课教师队伍建设的二重维度 [J]. 思想教育研究 ,2013(01).
[75] 肖滨．两种公民身份与国家认同的双元结构 [J]. 武汉大学学报 ,2010(01).
[76] 肖映胜，张耀灿．高校思想政治理论课教学评价理念新探 [J]. 高校理论战线，2011(07).
[77] 邢敏．“真实性评价”理论视阈下高校思想政治理论课学生评价探究 [J]. 成都航空职业技术学院学报 ,2018(02).
[78] 许传红，程雅．高校思想政治理论课的教学困境与学情反思 [J]. 学校党建与思想教育 ,2017(07).
[79] 薛金慧．马克思主义在中国被认同与接受的历史经验及其启示 [J]. 宝鸡文理学院学报（社会科学版）,2009(05).
[80] 姚立迎．论构建高校全员育人的组织体系与实践格局 [J]. 中国青年研究 ,2008(11).
[81] 易鹏，王永友．促进红色文化资源融入高校育人实践 [J]. 中国高等教育 ,2018(09).
[82] 殷海鸿，丁秋玲．政治认同视域下高校思政课有效教学路径探析 [J]. 理论观察 ,2018(09).

[83] 尹冬梅 . 用劳动教育新要求指引高校实践育人 [J]. 中国高等教育 ,2021(05).
[84] 余小平 . 高校“三全育人”体制机制建设实践探究 [J]. 学校党建与思想教育 ,2020(24).
[85] 张博颖 , 苗伟 . 文化软实力与社会主义意识形态安全 [J]. 天津社会科学 ,2010(03).
[86] 张骥 , 方晓强 . 论网络文化对我国社会主义意识形态建设的影响 [J]. 求实 ,2009(02).
[87] 张雷声 . 马克思主义整体性的三个层次 [J]. 思想理论教育导刊 ,2008(02).
[88] 张澍军 . 试论思想政治教育学科前沿的若干重大问题 [J]. 马克思主义研究，2011(01).
[89] 张文彦 , 魏建国 . 国家意识形态认同探析 [J]. 理论学刊 ,2010(12).
[90] 张文渊 . 浅析信息技术与教育深度融合的理论与方法 [J]. 华夏地理 ,2014(07).
[91] 张志元 . 高校各门课程与思想政治理论课同向同行研究 [J]. 思想理论教育 ,2019(02).
[92] 赵国友 . 高校思想政治理论课教育教学新范式的建构及其意义 [J]. 思想政治教育研究 ,2013(03).
[93] 赵海峰 . 意识形态领导权和文化认同 : 关于马克思主义中国化的思考 [J]. 马克思主义与现实 ,2012(05).
[94] 郑杭生 , 郭星华 . 中国社会的转型和转型中的中国社会 [J]. 浙江学刊 ,1992(04).
[95] 郑洁 , 陈一樟 . 网络环境下大学生主流意识形态认同现状与路径 [J]. 高校辅导员 ,2017(03).
[96] 郑永廷 . 论社会主义意识形态的功能发展 [J]. 中山大学学报 (社会科学版),2002(06).
[97] 周平 . 论中国的国家认同建设 [J]. 学术探索 ,2009(06).
[98] 周晓虹 . 认同理论 : 社会学与也理学的分析路径 [J]. 社会科学 ,2008(04).
[99] 周远 , 牧士钦 . 新时代高校实践育人精准化理念与模式探析 [J]. 江苏高教 ,2021(10).
[100] 朱勤文 , 杜海坤 . 试论大学生政治认同的形成机制及教育对策 [J]. 中国高教研究 ,2014(08).

四、学位论文

[1]蔡泉永.新媒体环境下我国主流意识形态安全研究[D].南昌大学博士学位论文,2016.
[2]曹和修.中国特色社会主义意识形态建设的人本取向研究[D].首都师范大学博士学位论文,2011.
[3] 陈步云.高校实践育人机制研究[D].东北师范大学博士学位论文,2017.
[4] 段鹏飞.全球化背景下中国共产党意识形态建设研究[D].陕西师范大学博士学位论文,2011.
[5] 甘霖.高校实践育人研究[D].武汉大学博士学位论文,2014.
[6] 呼和.大学生社会实践育人机理及运行机制研究[D].北京科技大学博士学位论文,2018.
[7] 胡春阳.社会主义意识形态认同历程研究[D].安徽大学博士学位论文,2016.